首阳教育书系

U0666198

学前教育专业课程设置与人才培养研究

孙锐丽　王　艳　陈俊梅◎著

陕西师范大学出版总社　西安

图书代号 JY24N1503

图书在版编目（CIP）数据

学前教育专业课程设置与人才培养研究 / 孙锐丽，
王艳，陈俊梅著 . -- 西安：陕西师范大学出版总社有限
公司，2024. 9. -- ISBN 978-7-5695-4600-2

Ⅰ . G612

中国国家版本馆 CIP 数据核字第 2024MK1615 号

学前教育专业课程设置与人才培养研究
XUEQIAN JIAOYU ZHUANYE KECHENG SHEZHI YU RENCAI PEIYANG YANJIU

孙锐丽　王　艳　陈俊梅　著

出 版 人	刘东风
出版统筹	杨　沁
特约编辑	杜佳娴
责任编辑	张　甜
责任校对	王　越
封面设计	知更壹点
出版发行	陕西师范大学出版总社有限公司
	（西安市长安南路 199 号　邮编　710062）
网　　址	http://www.snupg.com
印　　刷	河北赛文印刷有限公司
开　　本	710 mm×1000 mm　　1/16
印　　张	9.5
字　　数	190 千
版　　次	2024 年 9 月第 1 版
印　　次	2024 年 9 月第 1 次印刷
书　　号	ISBN 978-7-5695-4600-2
定　　价	60.00 元

读者使用时若发现印装质量问题，请与本社联系、调换。
电话：（029）85308697

作者简介

孙锐丽，硕士研究生，1987年9月生于河南开封杞县，现任黄河科技学院学前教育专业专任教师、讲师。研究领域为学前教育专业发展与教育、学前儿童卫生与保育等。参编学前教育专业"十三五"规划教材一部，主持河南省教育科学"十四五"规划课题、河南省教师教育课程改革研究项目、河南省大中专院校就业创业课题等十余项，参与厅级课题十余项，其中多项课题获奖。

王艳，硕士研究生，1986年11月生于河南南阳，现任郑州升达经贸管理学院学前教育专业专任教师、讲师。研究领域为学前教育专业发展与教育、学前儿童语言教育等。参编河南省"十四五"职业教育规划教材一部，主持河南省"十四五"教育事业发展规划课题一项、河南省社会科学普及项目两项、郑州市社会科学调研课题一项，参与厅级课题十余项。

陈俊梅，硕士研究生，1989年9月生于河南商丘，现任郑州升达经贸管理学院学前教育专业专任教师、讲师。主要研究领域有幼儿园课程、幼儿教师教育等。任教期间曾主持或参与完成了多项厅级课题项目。

前　言

　　学前教育是基础教育阶段的重要构成。学前教育专业作为培养幼儿师资的重要渠道，在方针政策上得到了国家的支持。完善学前师资培训，关键是要提高其培养质量，而培养质量与其课程的设置有极大关联。课程是实现培养目标的主渠道，科学合理的课程设置有助于提升人才培养的质量。因此，学校要按照专业教学和人才培养要求，明确高校学前教育专业课程设置的要求和原则，改变过去单一的专业课程教学思路和模式，优化日常的学前教育教学活动。新时代学前教育专业人才需要具备较高的政治素养、良好的师德师风、丰富的知识储备和较强的实践能力。

　　学前教育对儿童的智力、情感、社交和身体发展具有重要影响。然而，在当前快速发展的社会中，学前教育面临着许多挑战和问题。为了更好地了解学前教育的现状，探索有效的教育方法和策略，本书旨在针对学前教育专业课程设置和人才培养进行深入的研究，并提出可行的解决方案，以促进儿童的综合发展。

　　全书共七章。第一章为绪论，主要阐述了学前教育及其相关概念、学前教育的价值与目标、学前教育专业发展理念、学前教育专业课程设置概述、学前教育专业人才培养的要求等内容；第二章为学前教育专业课程设置的依据，主要阐述了学前教育专业课程设置的理论依据、政策依据、现实依据等内容；第三章为学前教育专业课程设置的现状，主要阐述了学前教育专业课程设置取得的成绩、学前教育专业课程设置存在的问题、影响学前教育专业课程设置的因素等内容；第四章为学前教育专业课程设置的经验，主要阐述了学前教育专业课程设置的国外经验和国内经验等内容；第五章为学前教育专业课程设置的过程，主要阐述了学前教育专业课程目标的确立、内容的选择、结构的优化、体系的构建、评价的改革等内容；第六章为学前教育专业人才培养的现状与挑战，主要阐述了学前教育事业发展与幼儿园教师需求、学前教育专业人才培养的现状、学前教育专业人才培养的挑战等内容；第七章为学前教育专业人才培养的目标探讨，主要阐述了学前教育专业人才培养的总体目标、知识目标、能力目标、素质目标等内容。

本书由孙锐丽、王艳、陈俊梅共同撰写。其中，孙锐丽主要负责本书的第一章、第二章及第四章部分内容的撰写，共计 6.3 万字；王艳负责第三章、第四章部分内容、第六章的撰写，共计 6.3 万字；陈俊梅负责第四章部分内容、第五章、第七章的撰写，共计 6.4 万字。

在撰写本书的过程中，笔者借鉴了国内外很多相关的研究成果，在此对相关学者、专家表示诚挚的感谢。

由于笔者水平有限，书中有一些内容还有待进一步研究和论证，在此恳切地希望各位同行专家和读者朋友予以斧正。

目　　录

第一章　绪论

学前教育对每个学前儿童的成长起着至关重要的作用，随着物质条件的不断改善和经济水平的不断提升，人们也在追求更高质量的教育，学前教育已然成为教育界所关注的热门话题。做好学前教育工作是满足人们对高质量教育需要的重要条件。想要处理好目前学前教育存在的主要问题，推动学前教育朝着高质量、高水平、持续健康的方向发展，就需要充分了解学前教育的基本概念及其相关的论述。本章分为学前教育及其相关概念、学前教育的价值与目标、学前教育专业发展理念、学前教育专业课程设置概述、学前教育专业人才培养的要求五部分。

第一节　学前教育及其相关概念

一、学前教育的概念

学前教育是指以学前儿童为教育对象，由家长及幼师利用各种方法、实物，有系统、有计划地对学前儿童进行各种身心活动刺激，使儿童身体各部位逐渐发展完善而进行的教育。学术界对学前教育所指的年龄段并没有达成统一认识，有学者认为学前教育的教育对象包括胎儿、婴儿（0—3岁）、幼儿（3—6岁），也有学者认为学前教育是对进入小学之前的3—6岁儿童进行的教育活动。由于0—3岁孩童大多由家庭照顾，进入托儿所的比例较低，而很多地方实行将托儿所、幼儿园整合在一起的一体化政策，因此本书取后一种看法，即认为学前教育是对3—6岁儿童进行的学前保育和教育的活动。学前教育机构主要指幼儿园，包括公办幼儿园和私立幼儿园，不包括3岁以下托儿所以及其他一些专门培育幼儿专长的机构，如英语、艺术等特色培训机构。

学前教育是教育供给链条的起点，包含儿童心理、营养保健、儿童教育等多方面内容，从广义上说学前教育包含学前家庭教育和学前社会教育。儿童时期是人生智力发展的关键时期，也是发展最快的时期，对学前儿童进行智力和身体各方面的启发和培育对他们日后的发展有很大作用。学前儿童的心智发展需要家长及幼师的积极引导，以帮助他们健康成长，树立正确的处世观，懂得关心他人，愿意与人分享，为真正成长打好基础。德国哲学家卡尔·雅斯贝尔斯（Karl Jaspers）认为，全部教育的关键在于选择美好的教育内容和尽可能使学生之"思"不误入歧途，而是导向事物的本源。学前教育活动的内容应与生活紧密结合，而不应成为枯燥单调的认知活动，让儿童不至于与生活世界脱节，造成主体意识和人文精神的缺失。

二、学前教育专业的概念

学前教育专业是以培养拥有一定的学前教育专业理论知识和实际教学能力，能够在各级各类学前教育机构从事教学、管理以及科研等工作的高层次专业人才为主要目标的学科专业。学前教育专业是普通高等学校所开设的一门专业，属教育学类专业，专科基本修业年限为三年，本科基本修业年限为四年。该专业培养具有良好的思想道德品质、扎实的学前教育专业知识，能在保教机构、教育行政部门以及其他相关机构从事保教、研究和管理等方面工作的复合型人才。

三、学前教育的相关理论

（一）学前教育理论

我国近现代的学前教育理论受到国外学者的学前教育思想的影响，并在社会发展中不断进步和完善。综合来看，学前时期是儿童身体发育和机能发展极为迅速的时期，也是儿童神经系统、言语理解、智力潜力发展的关键期。学前教育实施要适应儿童心理和个体差异，进行有目的、有计划的教育，让儿童德、智、体、美各方面都能够和谐发展，同时也要重视儿童主体性与社会性的发展。学前教育对儿童的发展至关重要，两者之间存在一个复杂的相互作用与制约的互动过程，在这一过程中，要让儿童学会主动建构和学习，激发他们的创造性。学前教育要与遗传发生相互作用，幼儿需要通过与周围环境中的人和物的交互作用来获得认知发展。教育者应认识到儿童的成长发展是一个持续过程，并灵活地创设适宜条件来促进儿童发展。

学前教育理论对学前师资队伍研究有一定启示：首先，学前教育教师是促进儿童身心各方面全面和谐发展的基础和支撑，师资队伍的情况会直接影响到整个学前教育功能的发挥。合理的师资队伍结构、较高的师资队伍质量，是确保学前儿童获得高质量保育、教育的基础，也是学前儿童身心和谐发展和学前教育可持续发展的保障。其次，师资队伍结构的合理调整、整体师资质量的提升，可以使学前教育资源得到合理配置。公共教育资源的合理配置是学前教育均衡发展的首要条件，其中，办学条件的均衡是基础，教师资源的均衡是关键，因此学前教育师资的均衡配置是学前教育资源配置的重中之重，是学前教育获取与社会协调发展的规模和速度的前提。最后，优质的学前教育对幼儿及其家庭和社会发展都有很大价值，而学前教育是我国整个教育体系的薄弱环节，因此促进城乡学前教育师资队伍质量的提升、师资结构的优化至关重要。

（二）新公共管理理论与新公共服务理论

新公共管理理论的主要内容可以概括为：公共管理部门可根据不同情况，适时适度地应用民企或市场已存在的、成功的管理模式，有效率地提高服务产出量，同时提高公务人员的考核和录用标准，在其面试环节充分考量受试者的反应能力与政治敏锐性。调研显示，该理论的具体实践载体主要在西方国家，其主要完成了由传统单向侧重工作效率向追求服务质量与提高产品服务产出的转变。新公共管理理论认同市场的价值，认为可以通过市场过程取代政治或政府来配置社会资源并做出相应的制度安排。在该理论的支持下，公共服务的私营化发展成为西方国家政府改革的重要策略。

新公共服务理论的研究核心为公民，其强调公共管理机构的工作要围绕"公民服务"与"公民放权"来进行，其工作重点既不是"掌舵"也不是"划桨"，而是架设一个具有有效信息反馈机制、优秀资源整合力的工作系统。鉴于其研究核心，公共行政官员应促进树立一种集体的、共同的公共利益观念，创造共同的利益和承担共同的责任，因此在思想上应认识到公共项目和公共资源属于全社会公民，应增强公民在公共项目和公共资源方面的参与能力。

学前教育改革可以借鉴新公共管理理论和新公共服务理论，使政府职能机构通过角色转变，进一步改进工作模式，将学前教育工作处理部门分列出来，设置专项的工作对接体系，以有效地提高政府学前教育管理制度服务的产出率，从根本上解决工作效率低下等问题；将企业化管理引入学前教育，通过公开招标将标杆企业先进管理机制引入该管理体系。因此，在学前教育领域引入新公共管理理论和新公共服务理论，可以改善传统公共行政中政府和社会之间的关系，通过集体努力和协作办好学前教育，从而提高公共利益中的服务价值。

（三）教育公平理论

实现教育公平是维护社会稳定不可或缺的因素之一。教育公平是指人人享受平等的教育权利、教育资源和教育机会。教育公平对学前教育也影响巨大。在国家大力发展教育之际，学前教育普惠性发展有了较大提升，但仍然存在需要克服的困难。目前在教育公平方面亟待解决的问题主要有教育资源配置不均衡、教育条件存在差异、教育结果存在差异等。教育资源配置不均衡体现为城乡间教育发展的不公平和不均衡，农村学前教育和城市学前教育差别较大，因此教育结果也存在较大差异。

（四）学前教育非营利组织理论

非营利组织概念源于福利国家的危机问题，很多学者开始研究公共权力干预减少后的福利制度建设问题，非营利机构作为替代政府职能的机构受到社会各界重视。目前非营利组织研究理论主要有市场失灵理论、政府失灵理论、第三方管理理论、相互依赖理论等。

学前教育市场也可以理解为学前教育产品市场。学前教育市场中的消费者并不是很明智，市场上也没有一个较为科学合理的教育价格，难以实现市场资源的灵活调配，进而引起学前教育市场失灵，其表现为市场主体对学前教育没有足够的投资动力，对学前教育存在认知偏差。学前教育作为准公共产品所具有的正外部性特征，很难用经济收益来衡量，因此不容易通过学前教育产品的市场价格来体现，也就不能对学前教育的供需双方产生较大激励。学前教育市场供求双方信息的不对称使学前教育消费者不能完全掌握教育供给方的真实信息，因此在选择学前教育产品时往往表现出不足，常以一些非核心的因素为选择学前教育产品的依据，这就促使学前教育机构凭借其信息优势通过道德风险或逆向选择途径实现其利益最大化。

政府失灵是在国家行动不能提升经济效益或政府将收入进行了不恰当分配时产生的。政府失灵现象使得政府对学前教育的干预只能采取主导方式进行，而不能对学前教育大包大揽。在学前教育上政府失灵主要表现为政府提供的公共产品具有一定的局限性，出台了一些无效的公共政策等。

（五）学前教育公共产品理论

公共产品理论厘清了公共产品与社会各界其他主体的关系。公共产品指的是具有消费或使用上的非竞争性和受益上的非排他性的产品，如常见的市政设施中的人行道、路灯，政府国防服务等均是公共产品。公共产品理论对产品的社会属性进行了界定，即是否存在竞争性以及排他性。从产品的消费角度来看，一些人对公共产品的消费不会影响到另一些人对该产品的消费，在消费公共产品的过程中产生的满足感或其他收益不会被某个人或某个群体所单独占有，而是被广大消费者所共有。

准公共产品是指具有有限的非竞争性或有限的非排他性的公共产品，它介于纯公共产品和私人产品之间，如教育、政府兴建的公园、拥挤的公路等都属于准公共产品。对于准公共产品的供给，在理论上应采取政府和市场共同分担的原则。

学前教育即为准公共产品，所有受教育者都可从中获益。如果某个区域接受学前教育的人数过多，超过了学前教育资源可以承受的限度，就会产生拥挤成本，这时增加受教育人数将会对他人造成一些影响，就会出现影响他人接受学前教育的情况。从社会发展的角度看，学前教育对任何个人发展都具有积极的促进作用。由于学前教育作为准公共产品的非竞争性和非排他性，市场缺乏对学前教育投资的动力，因此政府将作为主导和引导角色负责这类产品的生产与提供。准公共产品的竞争性和排他性决定了市场对其进行投资才能产生最大效用，因此学前教育产品也决定了政府和市场不能单方面对其进行供给，必须由政府和市场共同参与其中，在政府主导下确定投资比例、利益分成及体系构建。

第二节　学前教育的价值与目标

一、学前教育的价值

（一）学前教育影响儿童心理

0—12岁是人一生中发展的重要阶段，而0—3岁这一阶段是儿童多个关键性格的初始形成阶段。0—3岁儿童的自我意识并未觉醒，更多的是围绕身体的外在行为表达，同时6—12岁儿童的多个关键发展已完成，趋向于对前一个阶段的延续或者替补，并非处于关键发展阶段，由此3—6岁这一阶段的内在影响力具有深远意义。3岁处于儿童精神意识觉醒期，即开始由对外在物质世界的探索转向对内在关系的探求，3—6岁这一阶段儿童的脑内神经元联结开始趋向经验化建立，儿童的自我意识建立由此开始，并涉及儿童的性格特征的养成，为形成内在独立完整的自尊体系奠定基础。这一阶段将影响儿童的自尊水平、人际关系、行为调节等多个方面。儿童的话语与行为的结合表现使研究者与教育者更能探究出儿童这一阶段的心理特征，解析出建设性的回应方式，对儿童的影响由浅入深。

3—6岁这一时期是情绪情感发展的关键期，这一时期对儿童情感的引导与调控将对其一生的发展产生至关重要的影响。正确引导儿童情绪的首要问题便是了解幼儿情绪出现的原因，追根溯源，把握根本。这一时期有利于塑造儿童向善向美的性格，学前教育工作对儿童性格的形成有着重要影响。儿童正处于塑造性格的关键期，受遗传因素或环境因素的影响，儿童的性格各有不同，儿童在遇到困难时的表现也各有不同，有的儿童努力解决种种困难，喜欢享受解决问题的过程，而有的儿童面对问题时会感到害怕。正确地开展学前教育工作，引导儿童敢于面对困难，有利于儿童树立战胜困难的信心，形成向善向美的性格。例如，在日常游戏情境中，儿童会下意识依靠自身对事物的看法来做决定，学前教育工作要及时捕捉教育时机，通过言语引导、举例说明等方式来增加善和美在儿童内心的分量，以帮助后续教育工作的开展与改进。

（二）学前教育促进儿童的身体健康发展

儿童处于快速生长发育的阶段，正确地开展学前教育工作能够使儿童的运动能力得到有效提高，基本动作得到持续不断的练习，使身体的各个机能部位不断协调，为身体的后天的生长发育打下基础。例如，儿童在进行拼图、绘画、玩沙、玩水等需要小肌肉群活动的游戏时，可以训练手腕、手掌、手指的灵活性，以及手与眼的协调性；儿童在进行跑跳、攀爬、推拉、骑三轮车等需要大肌肉群活动的游戏时，可以加快血液循环，促进新陈代谢，并且增强体力，变得更强壮、更健康。

（三）学前教育提高儿童的社会适应能力

儿童在幼儿园的教育活动通常是以班级为单位的集体性教育活动。由于儿童自身的性格差异与局限性，同伴之间容易产生摩擦，这时就需要教育者帮助儿童学会控制自己的行为和语言，并协调与其他儿童的关系。学前教育工作能够为儿童的社会适应能力打下基础，同时为儿童的人际交往能力创造发展的条件和机会。例如，教育者帮助儿童在一次次同伴交往中慢慢成长，通过引导儿童自我思考让儿童学会克服冲动以及懂得分享，培养儿童的团队合作意识和精神，不断提高儿童的社会适应能力。

（四）学前教育对家庭和社会的价值

事实表明，儿童能否健康成长发展，已经成为决定家庭生活是否和谐幸福的关键因素。家庭是社会的构成细胞，儿童的健康成长是父母关注的焦点，决定着家庭生活的和谐与幸福，进而影响整个社会。学前教育可以纠正和弥补家庭学前教育的诸多不足。专业教育机构提供的物质环境和人文环境是家庭教育无法比拟的，通过幼儿园教师的专业教育活动，儿童可以获得更大的身心发展。由专业教育机构实施的所有正规学前教育都高度针对儿童的发展。学前教育的质量直接关系到家长能否安心工作和生活。这很好地体现了学前教育及其质量在国民经济发展和社会秩序稳定中的重要作用。

在不同的历史时期和不同的社会背景下，学前教育的价值和意义是不同的。学前教育不仅为儿童的全面发展奠定了坚实的基础，而且关系到社会的进步和国家的繁荣。学前教育是一切教育活动的起点，在学前教育阶段打好基础，可以让后续的教育活动更有效率。在终身教育理念的指导下，我们必须重视学前教育的价值，放眼未来，在理论和实践上推动学前教育的发展，提高学前教育的质量，努力培养身心健康发展的儿童。

二、学前教育的目标

（一）学前教育目标的内涵

学前教育目标是学前教育阶段教育目的的具体化，是国家对学前教育提出的人才培养的规范和要求，是我国各类学前教育机构的统一指导思想。

我国幼儿园教育的目标是对幼儿"实施德、智、体、美等方面全面发展的教育，促进幼儿身心和谐发展"。"全面"是指体、智、德、美发展的整体性，缺一不可；"和谐"是指德、智、体、美有机结合，不可分割；"全面和谐发展"是学前教育目标的核心要求，是教育活动的出发点和归宿。只有全面实施素质教育，学前教育才能满足儿童终身学习和未来发展的需要。这一目标反映了国家对新一代人才的要求，是确定幼儿园教育任务和评价幼儿园教育质量的根本依据。

（二）学前教育目标的意义

第一，学前教育目标对幼儿园教师的思想和观念具有导向和激励作用。幼儿园教师是学前教育活动的组织者，因此，要用学前教育目标影响教师，使其具有明确的目标意识，并用这种意识来选择教育内容、教育方法和手段，设计教育环境。可以说，真正指向教育活动的，是根植于教师意识中的教育目标。有了明确的教育目标，教育活动才有统一的步调，才能用统一的标准和指标来衡量教育效果。

第二，学前教育目标在教育过程中起着导向和控制作用。学前教育目标是教育过程的调节器，使整个教育过程围绕并指向教育目标。因为学前教育的目标规定了学前教育的发展方向和质量要求，教育者可以更好地控制教育对象的发展，改变人的自然的、盲目的发展过程，或者摆脱各种不符合教育目标的外界干扰，按照教育目标的要求培养儿童，为他们成为社会的合格成员打下良好的基础。

第三，学前教育目标对儿童的发展具有规范和评价功能。学前教育目标指明了儿童发展的领域和基本范围，描绘了儿童发展的蓝图。在学前教育实践中，教育行为的有效性、教师的教学水平、儿童在教育活动中的成长，都受到学前教育目标的检验。教育目标也是衡量教育效果和儿童发展的标准。因此，学前教育目标也是学前教育评价体系的基础。

第三节　学前教育专业发展理念

一、学前教育专业建设的内容

学前教育专业建设是指学校根据社会对于学前教育人才的需求来进行的专业建设，主要包括人才培养目标、师资队伍建设、课程设置、实训基地建设。

（一）人才培养目标

人才培养目标主要指明受教育者的培养规格和培养方向。培养规格是指学生经过教育之后能够获得的知识、能力和综合素质。培养方向是指学生经过教育之后能够在社会中承担的角色。

学前教育专业人才培养目标主要包括以下方面：在培养方向上，学前教育专业培养能够在各类学前教育机构从事教育、科研、宣传等工作的专业人才；在培养规格上，学前教育专业学生应该具备良好的道德情操，热爱学前教育事业，同时还应该具有学前教育必需的基本文化素质、专业知识、专业技能和教学能力。

（二）师资队伍建设

教育者是指按照教育行业的标准和特点，根据职务和学科要求，于具体时间节点内向受教育者传递科学思想文化、技能和经验的人员。教育者通过接受社会的委托对受教育者进行专业性的教育。师资队伍建设是高校培养高水平实用技术型专业人才、提高自身科研能力、促进自身可持续发展的保证。一所高校想要在社会上享有盛誉，就必须有一支优秀的师资队伍。想要建设一支优秀的师资队伍，学校就要在日常管理中，以管理学、人力资源学为理论基础，保证教师的数量充足，保持合理的生师比；结合专业知识不断优化教师团队的结构，并对教师进行管理、培训，使学校教师的综合素质、教学能力不断提高，并且保持稳定，使每一位教师都能够对自己的专业、自己的事业保持热爱与信心。

学前教育专业教师的职责就是培养社会所需要的优秀的学前教育从业者。学前教育专业的师资队伍不仅要具备相应的理论知识，也应该具备学前教育相应的实践、实操知识，同时学前教育专业教师作为学生的榜样，要具备优秀的教学能力，不能只是进行科研而忽视了对于课堂教学的钻研。学前教育专业教师要秉持着终身学习的理念，对自身严格要求，不断地学习先进的学前教育理论知识，并且入园实践以提高教学实践能力。

（三）课程设置

课程设置主要涵盖合理的课程结构以及与之相对应的课程内容，同时结合实际情况和先进的教育理念，使用与课程设置相适应的教材。

合理的课程结构主要涵盖以下方面：课程结构要结合教学目标、教学计划以及人才培养目标来设置，开设的课程要具有完整性、连续性和阶段性的特点。合理的课程结构使学生在学习的过程中不会感到枯燥乏味与断层，并且可以掌握课程的知识并获得相应的能力。

合理的课程内容主要涵盖以下几个方面：课程内容安排应该具备阶段性、逻辑性的特征；课程内容还应该涵盖本专业重要的知识点、主要的学习方法，具备完整性、全面性的特征；课程内容还应该结合先进的教育理念，具备时效性、发展性的特征。

学前教育专业的课程设置应注重与社会的密切联系。学校要与学前教育机构建立起"校企合作"的模式，了解社会对于学前教育专业人才的需求，密切了解学前教育理念发展的动向，合理进行专业课程设置。在课程体系构建层面，邀请优秀的、有经验的一线幼儿园教师编写专业的核心课程；采取校内支持、幼儿园协助、校企共建等多种方式创设优秀核心课程。

（四）实训基地建设

实训基地是学生锻炼实践技能的场所。学校实训基地一般包括校内实训场所和校外实训场所。实训室是将理论教学和实践教学融合的平台。学前教育专业实训室的任务是为学前教育专业学生提供实训教学、模拟实践的场所。在实训室内，学前教育专业学生能够利用钢琴房、画室、舞蹈房等锻炼自己的技能水平；利用幼儿园模拟教室体验到未来工作的真实场景，在真实的场景内进行模拟教学、教研、讲课、说课，从而提升自己的专业实践能力。

二、学前教育专业的具体发展理念

（一）学前教育专业人才管理多元化

随着核心素养逐渐成为高校教学内容的重点，高校办学管理模式由单一化方向逐渐向多元化方向转变，促使学前教育专业人才实现全方位发展。在核心素养视角下，学前教育专业人才综合发展素质情况对高校培养高质量人才队伍起到了极其重要的作用。在此背景下，高校根据学前教育专业不同阶段的育人特点，并结合工匠精神内化的相关要求，制定针对性的人才管理目标、管理规划及管理内容，有利于实现学前教育专业人才管理由单一的教学管理模式向教学与素养协同管理的多元化方向转型，促使工匠精神与学前教育专业人才培养相融合，以匹配社会发展所需的高素质人才要求。

（二）坚持"专而精"的人才培养标准

高校出于对学生就业率的考虑，在制定培养方案方面往往以行业当前的岗位要求为准。但此处常有误区，那就是一些高校往往想当然地认为，学生在校学习期间知识面越宽广越有利于获得就业机会。殊不知，这样去培养学生很容易导致毕业生对本专业的基础知识和基本技能掌握不牢固，其结果是毕业生并不能很好地满足社会对幼儿园教师职业的特殊需求。学前教育专业由于教育对象的特殊身心发育特点而具有明显的专业特征，对从事学前教育的工作人员的要求明显不同于中小学教师。学前教育专业人才培养方案的制定应以培养"专而精"的幼儿教育应用型人才为导向，不能因过于强调毕业生就业率而盲目追求知识面"宽泛"的通才教育。只有这样，学前教育人才培养方案才能正确指导高校教师实施合适的课程教学，从而培养出真正符合社会行业需求的幼儿教育人才。

（三）重构课堂教学模式

以前的课堂以"教"为中心，教师不仅是教学活动的中心，还是课堂的主宰者和知识的输出者。在这种教学模式中，学生往往处于被动接受的状态，失去了学习的主动性，思维也被既定的答案束缚。该模式属于一种以教师为核心，以"粉笔＋黑板＋教材"的知识传授策略为主线的教学系统。学前教育专业教师应重构课堂教学模式，让学生有兴趣探索新知识，从而提升教学的有效性。

首先，课堂角色发生转换，即由"教师单向输出"转向"以学生为中心"，扭转课堂中学生的被动状态，增强学生学习的主动性。这种教学模式更注重学生教学实践能力的培养，也能促使学生互相学习，同时也可以在一定程度上改善"教师单向输出"的境况。

其次，讲授模式趋于多样化。教师在课堂中可以根据教学内容、学生特点灵活地变更教学方法，如在进行理论性较强的课程教授时，教师可以采取"教师先讲授原理，然后学生运用原理自主学习实践"的授课模式。

最后，教师应当充分活用优质的网络公开课程资源。教师可以将网络公开课作为对课堂内容的巩固和拓展。网络课程因其突破时间、空间限制的优势，可供学生随时观看、回放，这不仅赋予学生及时巩固课堂内容的机会，还能帮助学生获取课堂以外的知识。

第四节　学前教育专业课程设置概述

一、学前教育专业课程设置的内涵

学校的课程设置是一个有机的整体，有其应有的结构体系和功能，因此又被称为"课程体系"或"课程结构"。它主要是指学校按照总体教育目标，依据学校自身性质及学科专业性质确定具体培养目标，规定专业学习的形式及要求，并据此对课程进行整体组织，合理确定各门课程间的分工与配合。

课程设置主要包括课程目标、课程内容与课程结构的设置。课程目标通过培养目标、职业面向、人才规格体现；课程内容通过公共类课程、专业类课程与实践环节具体开设内容体现；课程结构通过各类型课程的学时学分所占比例以及安排顺序体现。

综上所述，学前教育专业课程设置是指依据学前教育培养目标有计划、有组织地规定课程类型和课程门类的设立及其各年级的安排顺序与学时分配，并对教育内容进行选择与划分，从而形成科学合理的课程体系。

二、学前教育专业课程设置的原则

学前教育专业课程设置需要遵循适切性、发展性、开放性、系统性、整体性和循序渐进六个原则。

（一）适切性原则

课程设置的适切性是指其要与国家、社会、学校，以及教师与学生的发展相协调，体现教育目的、教育方针的长期性与阶段性的统一。课程目标要能满足国家对基础教育发挥育人作用的期待，符合社会发展对人才的需要，关注教师成长的诉求，落脚于学生职业发展与个人价值的统一。因此，课程设置要围绕这个目标选择并组织课程内容，使必修课与选修课、专业课与非专业课、理论课与实践课等以科学的比例、秩序以及形式构成统一整体。

（二）发展性原则

课程设置的发展性是指其要能实现学习者的全面发展，促进教师持续性的自我发展与完善，匹配社会发展中不断提升的用人质量标准，促进教育发展。课程设置是指为使学习者在一定阶段达到课程目标而进行的课程内容的选择与组织。但是学习阶段的结束不等于教育作用的终止。在进行课程设置时，我们要思考其能在多大程度上促进学生作为"人"以及他们所从事职业的发展；要思考课程设置能在多大程度上使学生通过专业知识的学习对职业理念、职业需求与职业能力有明确的了解；要思考课程设置是否有利于学生学会学习、学会思考、学会生活，实现可持续发展。

（三）开放性原则

课程设置的开放性是指课程设置体现整合优化性、多元化和变化性。课程并非封闭集合而是开放的系统。系统强调的是各要素间的整体性、有序性以及优化趋向。整合优化性是指课程设置不能仅仅是一个学科、一门课程的知识学习，课程内容要模块化，根据岗位职业标准要求的工作能力设置相应的具体课程；根据专业培养目标与培养规格对各分支学科进行重新划分，组合优化；根据专业建设需要着重打造主干课程。多元化则是指课程设置的目的是促进学习者全面发展与个性发展的统一，注重学习者本身知识的构建与能力的迁移，课程设置需要的是体现兼顾社会、学科与个人三方面的需求与发展的多元化课程。变化性则是指社会发展对人才要求不是一成不变的。

（四）系统性原则

课程设置的系统性是指其多维性、跨越性与衔接性的统一。要用系统论的观点来看待课程设置，以不同的视角与维度来考虑课程设置的相关问题，如进行课程设置的主体应该包括哪些利益相关者。不同教育类型、教育阶段的课程设置具有针对性与独特性，同时它们之间也有纵向与横向的相互衔接，如中职、高职与本科都有学前教育专业，其教育对象、教育理念、教育内容与教育方法等方面都各有侧重，其中课程设置起着关键性作用。对于学前教育专业而言，课程设置上的培养目标、课程内容、课程组织的连贯将更有利于学生理论知识与技能的学习，以及综合能力的培养。

（五）整体性原则

《幼儿园教育指导纲要》要求幼儿教育涉及健康、语言、社会、科学、艺术五大领域。为符合这一要求，学前教育专业要求学生掌握扎实的文化基础知识和精深的专业知识，这势必造成学生要学习更多的科目，这与教学总课时数的有限性是矛盾的。学前教育专业要将各专业核心课程有机结合起来，统筹安排课时计划，循序渐进地实施，充分发挥课程结构的整体性。

（六）循序渐进原则

学前教育专业课程设置有着系统化、系列化、连续性的特点。专业核心课程的实践教学需贯穿于整个专业学习的全过程，其难度大、要求高、条件多。因此，在进行核心课程的实践教学设置时，应充分考虑学生的认知规律和幼儿园教师的成长规律，从基础到专业，从简单到复杂，循序渐进，不断深化关键技能，以促进学生实践能力的提高。

三、学前教育专业课程设置的应然状态

（一）课程目标的应用性

我国大多数院校以高素质复合型人才为培养目标，在进行课程设置时应充分考虑其解决实际问题的能力，实际上就是用理论知识来解决工作情境中的工作任务的能力，因此，课程目标应具有应用性。同时，课程目标的制定应考虑国家、地方、学校、教师与学生等多元主体，兼顾社会需要、学科发展与学生发展三个层面。

具体来说，第一，课程目标的设置要体现内容，这些内容正是培养规格与培

养目标中所提到的知识、素质与能力三个层面，应以岗位职业能力为标准设置相应的课程。第二，课程目标要指出通过哪些方法来实现教育内容，采取何种教学方法、考核方式、课程评价方式来保证课程内容的有效实施。课程目标只有具有实用性才不会是空中楼阁，不着实地。学生只有真正理解并认可课程目标，才会对所学专业以及以后所从事的职业有个初步的认识，在之后的学习中逐步形成为职业理念与职业要求。

（二）课程内容的综合性

课程内容是指各门学科中特定的事实、观点、原理和问题，以及处理它们的方式。公共类课程中的必修课与选修课，包括思想政治、法律政策、职业生涯规划等方方面面，是人文科学、社会科学以及自然科学的有机融合与渗透；专业类课程中的专业理论课、专业技能课打破了原有传统课程的模式；实践课程更注重学生在实际情境中发现和解决问题的能力。课程内容的综合性重在把握学科内在规律特点，打破传统课程单一的学科模式，注重课程的模块化，突出主干课程与教学重点，优化学生知识体系的构建，培养学生学会学习的方法与能力，实现可持续发展与终身学习。课程内容要根据职业岗位标准来设置，把握社会发展对人才的需要，重点使学生掌握核心素养与职业能力。

（三）课程结构的科学性

合理的课程结构是实施教学内容、达到课程目标的关键，包括课程内容学时与学分的分配、各类型课程的逻辑顺序等。相应的学时与学分是完成每种课程阶段性目标的保证。通过公共类课程的学习，学生应该具备基本文化知识与素养，具备正确的思想观念与充足的基础知识；通过专业类课程的学习，学生应具备有关本专业的职业发展观念、职业态度、职业知识与技能等，明确本专业的学习领域与相关领域的发展动态等；通过实践课，学生真正将理论知识用于实际当中，为进入工作领域完成工作任务打好基础。

第五节　学前教育专业人才培养的要求

习近平总书记指出，教师是教育工作的中坚力量。有高质量的教师，才会有高质量的教育。"十四五"时期，我国的教育进入高质量发展阶段。面对新的发展形势、新的任务要求，教师的职业能力和素养还有待提升，教师教育需要立足新的发展阶段，贯彻新的发展理念，实现更高质量的教师培养。幼儿园教师所必须秉承的基本理念之一就是能力为重，包括与理论相结合的保教实践能力、研究幼儿的专业能力和反思与提高自我的能力。但当前幼儿园教师的培养质量参差不齐，难以适应新时代对高质量幼儿园教师的需求。学前教育专业的实践教学虽然正逐步脱离过度重视"弹唱跳画说"技能的误区，但培养出的学生的实践能力并未完全符合幼儿园教师岗位能力需求。

一、体现人才培养规格要求

人才培养规格规定了学校所培养人才应具备什么样的知识技能等，主要从综合素质、专业知识、职业能力三个方面提出具体要求。保育员方向的学生应熟悉保育任务，能够独立完成保育工作，清楚了解幼儿的身体状况，具备疾病预防和护理能力、意外防范急救能力、营养搭配能力、早期教育能力以及配合教师设计和组织活动的能力。保育员方向的学生毕业前还应取得育婴师或保育员四级证书。幼儿园教师方向的学生要热爱学前教育事业，有良好的师德修养，有较强的法律意识；要掌握幼儿身心发展的客观规律，科学开展幼儿保育和教育活动；要具有管理、交际、组织、表达能力，能正确处理班级内务；还应具有终身学习的意识和动力，提升学历以获取幼儿园教师准入资格证书，不断拓展专业知识的深度和广度，提升专业技能。

二、体现教育层次和专业特色

学前教育专业培养的是真正的实用型人才。在制定目标时，要和现实情况紧密结合，定位要准确。为了能更好地发挥学前教育的优势，学校应注重对实用型和基础型人才的培养，实行分层、分专业教学。一方面考虑专业方向的不同，设置不同的课程内容；另一方面考虑毕业后的去向问题，可根据就业和升学两个方向，分梯度划重点地设置课程、组织和实施课程教学。学前教育专业的培养目标要体现专业特色。首先，培养目标的具体要求要与专业方向保持一致，充分表现专业的独特性。这里主要包含保育和教育的职业能力的培养。其次，职业能力、职业素养、专业知识、专业技能的养成目标和具体要求要体现学前教育机构的工作人员的特征。最后，根据培养目标的要求，课程内容的选择、课程结构的安排、课程的实施等要体现专业性，特别是要将公共基础课程与学生专业发展紧密结合。

第二章　学前教育专业课程设置的依据

课程设置的结构和内容会直接影响学生的素质结构，影响未来学前教育师资的整体素质。基于此，学前教育专业课程的设置显得尤为重要。本章分为学前教育专业课程设置的理论依据、学前教育专业课程设置的政策依据、学前教育专业课程设置的现实依据三部分。

第一节　学前教育专业课程设置的理论依据

一、基本理论依据

（一）泰勒的课程开发理论

美国当代著名的课程评价专家拉尔夫·泰勒（Ralph Tyler）被称为"当代教育评价之父"。1949 年，泰勒出版《课程与教学的基本原理》一书，形成了较为系统科学的课程设计理论。《课程与教学的基本原理》一书共五章，前四章讲述了课程设置的四个主要问题，最后一章提出了学院或学校的教师怎么样依据这些基本原理完成课程设置任务。泰勒的评价原理和课程原理是相互依存的，他对课程开发中所涉及的"课程目标""课程内容""课程实施"与"课程评价"四个环节进行的分析与研究，被作为课程入门和探索的基本原理，并且被看成该课程领域的奠基理论。课程设置的四个主要问题包括目标、内容、经验的组织、目标的实现与评价,这四个主要的步骤成为指导学前教育专业课程设置的一般原理。具体来说，涉及四个问题：教育的目标是什么？需要哪些经验？怎样才能将这些经验有效地组织起来？目标实现的程度怎么评价？泰勒认为，这四个问题就是我们在设置任何课程或教学计划时都必须加以回答的问题。这四个问题分别对应课程设置的四个步骤，即教育目标的确定、经验的择取、经验的有效组织、教学结果的评价，因而这些步骤也构成了学前教育专业课程建构的基本思路。通过这四个问题，可以概括出"确定研究目标""选择设计方案""组织课程实施""课程评价结果"四个阶段。为了使目标清楚可行，就要使每一个目标都包含学校希望在学生身上培养的一系列"行为"和在学生身上形成期望达成的行为所需要的事实"内容"这两个方面，这就启示我们进行学前教育专业课程的设置时，必须注重对目标的设置，目标一旦被最终确定，就要开始将目标的实施放在第一位。为了将目标实现的可能性最大化，就要认真择取一种对于目标的实现最有利的学习经验，将教学过程调整为最适合的模式。学习的重点不在于教师，而是看学生为了自己的学习付出了什么，学习的关键是学生对于学习的主动性，教师只是为学生创建安静且利于学习的环境，通过为学生提供有用的经验激发学生自主学习的能力。所以，学习的经验不是教师所传授的内容，也不是单纯的学科知识，而是学生对于外界的刺激做出的反应，以及与外界事物的相互作用。

学习经验的组织，不仅需要具有连续性，而且要注重提出课程的构成，使学生能够有序地学习各种技能。连续性是纵向的关键因素，能够有效地影响经验的组织。要注意经验的顺序性与整合性，就是说经验的学习是需要积淀的，需要对之前的经验进行消化，以便为后来的经验提供基础，使经验能够更加有效率地被主体吸收并加以运用。整合性是横向因素，可以展示各种经验的关系，学习经验的横向关系由此展示，对于学生来说，这有助于将自己的行为统一并与所学的课程进行联系。

泰勒还指出，为了使教育目标能够顺利实现，要对评价的目标进行检测，全面地观察学习经验对于学生的作用，确定目标的实现是否达到了预期，并且针对目标实现的程度，对经验应用的不足提出建议。由此看来，评价过程实际上就是评价目标实现程度的过程。确定课程进度与教学目标的实际关联关系，不应该只是单纯地将评价作为一个纸笔的测验，观察、分析也是重要的评价内容，并且只要是对教育目标的实现有积极作用的评价方法，就是有效的。测验的目的在于证明经验的应用对于学习主体来说有一定的作用。从教育目标开始，对目标的定义进行了解分析，能够更好地掌握目标的实现情况，否则，评价的结果将没有真实性与可取性。

泰勒提出的关于课程建设的观点，对于世界范围内的课程设置起到了根本性的指导作用，对学前教育专业课程的建构起到了指导作用。"确定研究目标""选择设计方案""组织课程实施""课程评价结果"四个阶段，成为学前教育专业课程设置必须遵循的一般程序。现代课程设置的基本原理仍是由泰勒提出的标准化模式的四部分组成的，这一观点仍处于核心地位。这样的结构模式为后续研究者提供了初步的思路，明确了课程目标是课程建设的起点。

（二）能力本位教育课程理论

能力本位教育课程是一种预先确定某个岗位或岗位群完整的职业能力标准，然后依据学生个人的学习进度，引导学生进行相关知识和技能学习并达到行业精通水准、获得具体行为表现的课程模式。能力本位教育课程理论以岗位职业能力为依据，强调了能力的可操作性。

第一，课程目标确定的依据有以下几方面：一是学生的需要。学生处于心智成熟的关键阶段，能力本位教育课程注重培养学生的文化素质，帮助学生树立正确的职业观、掌握职业能力。二是社会生活的需要。课程目标不仅要符合学生的身心发展规律，还要适应社会发展规律。三是学科的发展。四是职业的发展。能力本位教育培养人才以职业需求为基础。

第二，能力本位教育课程内容取决于课程目标。为保证课程目标有效实现，需要科学筛选课程内容，选择的课程内容要保证学生的职业知识、职业技能以及综合实践能力能够达到职业资格要求，实现学生的全面发展。

第三，课程组织连续性、顺序性和整合性是课程内容得以顺利实施的关键。课程目标、课程内容、课程组织是科学合理地进行课程设置的重要环节，三者环环相扣。

以能力本位教育课程理论为基础探讨课程设置问题，需要重点关注学前教育工作者相应的岗位，根据具体工作任务、工作领域确定职业能力标准，再以能力培养为核心进行相关课程的设置。这是一个以培养学生能力为主的连续性过程，所以要研究课程设置也必须明确课程目标、课程内容以及课程结构。

（三）施瓦布的课程理论

美国课程理论家约瑟夫·施瓦布（Joseph Schwab）提出的实践模式课程理论强调实践价值和动态过程，把教师和学生视为课程的主体和创造者。实践模式的课程主体是教师与学生，改变了师生被动接受课程的做法，强调了教师与学生是课程设置的主要参与者。当前课程的制定主体多是领导者、专业相关领域专家等，相关用人单位也会参与，但与课程直接相关的教师与学生却被忽视。教师作为课程的主要设计者，在进行课程设置时结合教育教学实践并根据具体情境发挥主观能动性，对课程内容提出建议；学生作为课程的主体，虽然不能直接设计开发课程，但有权对课程设置提出主观感受，就哪些课程内容与学习方式最有价值等问题向课程制定者提出疑问并寻求解答。通过这些方式，将一线教师教育教学中的反思实践与学生学习生活的经验融入课程改造中来，使课程与教师、学生紧密联系起来。

以施瓦布的课程理论为基础，站在学生与教师的立场对学前教育专业课程设置进行探索，使课程设置更能凸显学生的成长与发展需要。教育的本质就是培养人，培养社会需要的人，为社会发展提供源源不断的动力。正视学生与教师的诉求，才能更全面、更准确地发现课程设置中的问题，从而精准解决。

二、文化学理论依据

探索课程设置，必然涉及文化问题，从文化学的角度审视和剖析教育的问题，有助于加深和拓展对教育现象的理论理解，更好地掌握教育现象的发展规律。文化自觉是一个特别漫长且艰难的过程，是指生活在特定文化环境中的人对文化起源、文化形成过程、文化特征和文化发展趋势的自我认识。它是人类文化发展到一定阶段时产生的一种心理状态，是社会历史条件决定了的产物。文化自觉是在经济全球化背景下提出来的一个全新概念，它反映了人类认识自身以及把握世界历史规律的一种重要意识方式，也为我们提供了理解当代社会的新视角。把文化自觉理论发展、丰富和充实为具有深刻理论和实践意义的文化理论，对于解决文化传承和发展问题具有十分重要的意义。

文化自觉理论对学前教育专业课程设置有一定的理论启示。各民族都要重视自己的文化，积极传承和保护自己的文化。因此，加强优秀传统文化教育是实现中华民族伟大复兴中国梦的必然要求，也是维护民族团结、巩固边疆稳定、促进社会和谐发展的需要。那么，如何做好这项工作呢？第一，各民族要树立文化自信，对自己的传统文化要有认同感、自豪感。各民族文化需要得到有效保护并加以合理开发利用，使其发挥出更大作用。第二，各民族在传承自己文化的过程中，要尊重其他民族文化。第三，各民族文化要顺应时代发展，积极创新民族文化内容，推动民族文化传承。第四，要通过多种途径和方法提高民族文化创新能力。第五，重视对各民族文化进行保护。第六，建立完善的法律保障机制。第七，加强宣传工作。第八，增强全社会参与意识。第九，教育要承担起传承各民族文化的历史使命，这既是"文化自觉"的要求，也是实现"文化自觉"的重要途径。学前教育专业课程设置不是将各民族文化全部吸收，而是应该取其精华、去其糟粕，这是文化自觉理论对学前教育专业课程设置的要求。

三、教育学理论依据

教育学理论是教学实施的理论基础，教育活动的研究需要涉及相关的教育学理论。学前教育专业课程的设置需要以教育学理论为基础，教育学理论可以为我们的思考和认识提供相应的启迪。

（一）课程生活化理论

课程生活化理论产生于课程设置与学生生活不适应的现实中。因此，教师应该把课堂还给学生，让他们去体验生活世界，从生活中来，到生活中去。在课程的设计、组织和实施过程中，课程与学生的日常生活和感性经验相联系，使学生在身体、认知、情绪、社会性等方面得到和谐发展。课程不是生活训练，而是促进学生尊重自己的成长和生活，突出学生的主体地位，更好地将生活中的大事、现象和事件融入课程中，帮助学生获得新的体验。教师要因地制宜地组织活动，使课程富有教育意义和生活色彩。生活化是课程的本质特征。教师应该让学生通过参与各种活动获取知识，从而达到促进学生全面而自由发展的目的。学前教育专业课程设置要使学前教育专业学生能够在课程中发现自己身边生活中的点滴，使当地学前教育专业课程生活化，提高专业课程质量。

（二）建构主义学习理论

建构主义认为，学习不是由教师向学生传递知识的过程，而是学生建构自己的知识的过程。在知识形成过程中，学习者将新知识与旧知识相联结，在已有知识经验的基础上进行加工并积极建构。建构主义反对所有知识都以抽象概念的理论形式传授给学习者，反对将学习者当作被动接受方游离于知识学习之外，反对缺乏社会性实践和复杂情境的教学。只有将学习者置身于真实的实践之中，体会面对多样且复杂的情境应做出何种措施时，已有的知识经验和理论知识才会被唤醒。当现有的知识结构无法解决当前问题时，学生就会产生主动学习的欲望，即认知驱力，这是进行知识建构的关键。

建构主义学习理论对学前教育专业课程设置有多方面的启示：第一，应根据职业标准和岗位需求有针对性地设置相应的课程，以专业特点与综合能力为核心使课程服务于学生的全面发展，服务于学生的兴趣与需要，服务于学生的职业生涯。第二，依据培养规格中素质、知识、能力三个维度的要求，设置实用性强的课程，注重学习过程的社会情境性，更好地将理论知识学习与实践性教学相联系，实现专业学习的完整性。

（三）人本主义学习理论

人本主义心理学以美国著名社会心理学家马斯洛（Maslow）为代表，主张以人为中心，不是把人分为不完整的几部分，而是把人看作一个整体来研究。人本主义学习理论认为，教育应该关注学生的体验和创造潜能，重视学生从经验中获取和学习知识的能力，引导认识与体验相结合，促进学生个性发展，开发学生潜能，培养学生学习的主动性和积极性，使学生全面发展。教师要把学生置于主体地位，让他们在自己已有的知识结构中去获取新知识、探索新知识。因此，人本主义学习理论强调以学生为中心，反对学生进行"无意义的学习"，而是倡导学生进行"有意义的学习"。

人本主义学习理论对学前教育专业课程设置的研究有一定的促进和启发意义。人本主义学习理论认为，教育活动产生在学生的真实生活中，教育活动应该尊重学生的身心发展规律，关注学生在学习上的兴趣，强调学生在教育活动中的主体地位。学前教育专业课程设置应关注学生的学习需求和兴趣，让学前教育专业学生在课程中进行有意义的学习。

第二节　学前教育专业课程设置的政策依据

我国对各类教师标准都有明确的文件规范，其中对幼儿园教师也提出过针对性的要求，具体有下列规定：

一、《教师教育课程标准（试行）》

《教师教育课程标准（试行）》由教育部于 2011 年 10 月 8 日发布实施，体现了国家对教师教育机构设置教师教育课程的基本要求，是制定教师教育课程方案、开发教材与课程资源、开展教学与评价，以及认定教师资格的重要依据。

《教师教育课程标准（试行）》提出，教师教育课程应体现育人为本、实践取向、终身学习的理念。其中，育人为本要求教师成为学生发展的引导者和促进者。这就要求在教师教育课程中，既要重视教师"教书"能力的培养，又要注重教师"育人"能力的培养，在帮助准教师获得专业知识和技能的同时，加强师德的培养，引导准教师塑造正确的世界观、人生观和价值观，形成健康的心理和良好的人格素养，以帮助准教师在实际教学实践活动中以自身丰富的知识和崇高的人格素养教育和感染学生，使学生在掌握知识的同时，养成良好的思想道德品质，实现教育的科学性和思想性的统一。实践取向指出教师是反思性实践者，要在研究自身经验和改进教育教学行为的过程中实现专业发展。因此，教师教育课程应强化实践意识和反思精神，将实践意识与反思精神渗透在课程的方方面面，为学生提供丰富的实践体验，并引导学生在实践中不断反思、改进和提高，最终成长为反思性的实践者。终身学习要求教师成为终身学习者，在持续学习和不断完善自身素质的过程中实现专业发展。因此，教师教育课程应注重引导和加强教师群体终身学习的意识和能力，在帮助教师获得专业理论和技能的同时，为学生提供独立思考和自主学习的机会并加强对学生教育研究能力的培养，同时引导学生在理论学习和实践体验中不断反思和进步，以实现职前教育和在职教育的一体化，增强适应性和开放性，形成终身学习和应对挑战的能力，这是实现教师专业发展的重要条件，也是构建学习型社会的必然要求。

此外，《教师教育课程标准（试行）》还对幼儿园职前教师教育课程目标与课程设置提出了明确要求，强调"保教结合"的重要性。在课程目标方面，《教师教育课程标准（试行）》从"教育信念与责任""教育知识与能力""教育实践与体验"三个方面将幼儿园教师教育课程的目标进行划分，并就每个方面提出具体要求。

《教师教育课程标准（试行）》中对幼儿园职前教师课程学习领域的划分及学习建议与其规定的课程目标相适应；对职前教师的教育理念、专业理论知识和能力以及实践经验都做出了具体的规定。在了解《教师教育课程标准（试行）》以及幼儿园教师职前课程设置的基本情况后，如何在高等师范院校形成一套科学化和专业化的课程体系，以确保人才培养的规格和质量符合国家、社会的标准是目前亟待解决的重大问题。

二、《幼儿园教师专业标准（试行）》

学前教育事业的可持续发展离不开对专业人才的需求，而专业标准的制定、颁布和实施则为培养人才提供了标准。教育部于 2012 年发布的《幼儿园教师专业标准（试行）》为培养幼儿园教师提供了重要依据。对《幼儿园教师专业标准（试行）》框架及内容进行详细的分析和解读，为分析学前教育专业课程设置奠定了基础。

（一）对《幼儿园教师专业标准（试行）》框架的解读

《幼儿园教师专业标准（试行）》的框架主要是在基本理念的前提下，提炼出三项维度、十四大领域、六十二条要求的基本内容，并从教育行政部门、职前教育、教师管理和教师专业发展四个角度提出了实施建议。

（二）对《幼儿园教师专业标准（试行）》基本理念的解读

《幼儿园教师专业标准（试行）》从价值取向上引导着幼儿园教师的专业发展方向，幼儿园教师师德是教师职业和专业发展的基准线。"师德为先"从思想政治素养、教师示范作用等方面规定了幼儿园教师的发展方向，有助于培养幼儿园教师的职业道德。"幼儿为本"则是从儿童观的角度对幼儿园教师提出了要求，教师应尊重幼儿作为一个完整的"人"的人格和权利，尊重幼儿期的特殊性和独特价值。这一点就要求幼儿园教师应不断地探索、发现幼儿成长的规律，掌握幼儿的身心特点、发展水平、优势领域及个体差异，进而创设有益的教育环境和条件促进幼儿全面发展。"能力为重"则强调了幼儿园教师必须加强专业知识、专业能力的学习和训练，为幼儿提供专业的保教手段。幼儿园教师工作的基本原则和职责是保教结合。幼儿园教师必须在幼儿园实际工作中把促进儿童身心健康、养成良好生活习惯和自理能力等与知识技能的学习放在同等重要的地位。这就需要幼儿园教师夯实专业理论知识和技能，拓宽知识面，在实践工作中，不断提高自身专业素养和能力。"终身学习"关注的是幼儿园教师自身专业成长过程。作为一名专业的幼儿园教师，必须有一定的国际视野，能从国内外学前教育改革发展中提炼总结经验做法，进而优化知识结构，提升专业素养；同时也要有反思和持续学习的意识和能力，实现专业成长和可持续发展。《幼儿园教师专业标准（试行）》的四大理念从根本价值取向上对幼儿园教师做出了规范和引导，是教师专业发展的灵魂和支柱。

（三）对《幼儿园教师专业标准（试行）》基本内容的解读

《幼儿园教师专业标准（试行）》的基本内容是整个标准的核心和主体，是合格幼儿园教师应知、应会、应践行的具体规范。

1. 专业理念与师德

"专业理念与师德"部分包括以下四个领域，共二十条基本要求。第一，"职业理解与认知"从教师观角度对幼儿园教师做出了规定，主要包括遵纪守法、专业认同、协作交流等要求。第二，"对幼儿的态度与行为"从儿童观角度对幼儿园教师做出了规定，主要包括爱护、尊重、信任幼儿等要求。第三，"幼儿保育和教育的态度与行为"从教育观角度对幼儿园教师做出了规定，涉及重视保教结合、环境和游戏、实践活动、身教言传及家园共育等要求。第四，"个人修养与行为"从教师个人角度对幼儿园教师做出了规定，主要包含内在修养、外在行为等要求。

2. 专业知识

"专业知识"部分包括以下三个领域的知识。第一，"幼儿发展知识"包括有关幼儿园的生存、发展和保护的法律规定，幼儿的身心发展一般特点及规律，幼儿的个体差异等。第二，"幼儿保育和教育知识"从开展保教活动的角度对幼儿园教师提出了要求，包括幼儿园一日生活流程、幼儿园各领域教学、环境创设、游戏指导、安全救助、婴幼儿和幼小衔接等方面。第三，"通识性知识"对作为一名幼儿园教师应具备的人文素养做出了规定，包括自然科学知识、人文社会科学知识和现代信息技术知识。

3. 专业能力

"专业能力"部分主要包括以下七个领域的内容。第一，"环境的创设与利用"主要从物质环境（教具、玩具、学习材料等）和精神环境（关系建立、教育氛围、规则、秩序等）等方面对幼儿园教师提出了要求。第二，"一日生活的组织与保育"从生活活动、教师与保育员工作协调、生活随机教育和常见安全事故处理等方面对幼儿园教师提出了要求。第三，"游戏活动的支持与引导"从设计游戏、提供合适的游戏材料、指导游戏和促进儿童全方位综合发展等方面对幼儿园教师提出了要求。第四，"教育活动的计划与实施"从教育教学活动的设计、实施与指导方面要求幼儿园教师应积极关注幼儿，以综合性、趣味性的方式组织教学活动，向幼儿提供更多自我展示、自主操作的机会。第五，"激励与评价"要求幼儿园教师运用多种评价方式和手段，关注幼儿活动表现，学会运用评价促进幼儿成长和发展，指导后续教育活动的开展。第六，"沟通与合作"从协同育人的角度要求幼儿园教师积极探索与幼儿、同事、家长及社区的沟通方式，合作育人。第七，"反思与发展"主要从教师工作和教师个人成长两个方面要求教师积极反思保教工作现状，进行探索和研究，同时制定专业成长和发展规划，积极参与各类培训，不断提高自身专业素质。

第三节　学前教育专业课程设置的现实依据

一、社会的需求

社会需求是人才培养的出发点，人才培养的岗位针对性使它必须适应社会发展的需要。社会不断发展进步，对于人才的需求也在相应地发生变化，而这也成为课程设置的重要依据。在社会对某一方面有需求时就要设置相应的学科，而该科目设置之前，非常关键的环节就是进行社会调研，目的就是要分析考察什么样的课程能够适应社会的需求，进而培养出社会需要的专业人才。另外，对于已经开设的科目，也要不断地进行升级，以适应国家以及社会的相关需要。随着时代的不断发展，社会对于专业的要求也不断升高，所以，各高校在课程设置方面就要紧跟时代的发展。学前教育要有自己的培养目标和体系，学生要以儿童的全面发展为首要目标，要有正确的教育观念，掌握知识的同时还要掌握技能，为以后进入工作岗位打造扎实的专业素养和实践能力。课程的设置不仅要适应时代要求，还要引领时代。

国民教育中，学前教育是根基。为了全面做好学前教育工作，我们须要全力壮大学前教育师资规模。在学前教育师资配置上，人们也提出了更为深入的发展要求，即要求教师不断提升专业水平、师德水平。

（一）新时代需要建设高素质的学前教育师资队伍

中共中央、国务院印发的《关于全面深化新时代教师队伍建设改革的意见》明确提出，要深刻认识教师队伍建设的重要意义，培养高素质教师队伍。学前教育是终身学习的开端，是国民教育体系的重要组成部分。学前教育投入的比例、教师素质的高低关系到国家和民族的未来。2018 年以来，中共中央、国务院、教育部发布的多个文件对学前教育提出了普及、普惠、安全、优质的发展目标。随着学前教育三年行动计划的实施，学前教育事业得到了前所未有的迅猛发展。2020 年，在学前教育完成 85% 的普及和 80% 的普惠任务之后，全面提高学前教育质量将成为重点任务。提升教师队伍素质是提高幼儿园保教质量的关键。因此，需要建设一支高素质、高水平、专业化的教师队伍，这是促进学前教育稳步发展的关键。科学合理的学前教育专业课程设置，对培养好学前教育专业人才具有重要作用，而专业的学前教育人才对加强学前教育教师队伍建设具有重要意义。

（二）科学合理的课程设置是提高人才培养质量的迫切需要

学前教育专业科学合理的课程设置对于该专业的人才培养具有重要的意义。科学合理的课程设置能够满足社会对幼儿园教师全面发展的更高要求；科学合理的课程设置可以提高学前教育专业学生的职业能力；科学合理的课程设置有利于本土化幼教人才服务当地社会经济发展，课程设置的研究有助于进一步丰富学前教育的科研成果。

（三）课程设置以社会地域现实为立足点

由于地域资源和文化发展存在差异，各个地域有其独特的经济特点和文化风俗。学前教育专业办学既要与当地经济实际相适应，满足当地学前教育发展对人才的需求，也要充分利用当地的资源，在学前教育内容编排中贯穿本地特色，使儿童从小养成把当地文化特色内化为自身行为观念的习惯。要想使这一目标得以实现，首先需要把地域现实情况作为立足点，其中影响最大的无外乎经济、文化，只有以此为基础，才能充分发挥学校的育人作用。培养院校通常可以与幼儿园合作，将理论和实践相结合，更好地培养人才服务社会的能力，强化其社会责任意识，使其最大化地适应企业用人需求。学前教育目标的达成，离不开培养学校前期的课程规划和标准建立，通过认真研究国家教育政策方针，结合本地现实状况，制定出适宜的教育规划，在培养过程中，把握好与幼儿园、相关企业的密切关系，加强相互的合作，为学生提供多样化的实践机会，使学校培养目标与社会需要接轨，既有助于完成教学任务，实现学校价值，又利于人才的教学能力的培养。

二、幼儿园教师专业发展和要求

（一）幼儿园教师专业发展理论

20世纪80年代以来出现了很多以"教师专业发展"为中心的学说，各位研究者从多个角度出发，指明教师专业发展的方向。社会研究者以教师职业社会化为出发点进行探讨，倡导从提高教师的社会地位方面来加速教师专业化进程。教育工作者则以发展教师的教育教学能力为出发点，将教师作为独立进行教学活动的专业人士，指明教师专业化发展进程其实就是持续提高教育者的教学能力、完善理论体系、提高教学效率的过程。国际社会的诸多研究者也多是从这两点入手，针对教师专业化发展的含义进行探讨。一部分人提出，教师专业发展与专业化发展其实是一样的，它们都要求教师不断提升自己的专业化能力，用教师职业的专业化去提高这个队伍的社会地位，继而改善他们的工作环境，使得教师专业化体系持续完善，从整体上来提升教师队伍的专业化水准。还有一部分人认为教师专业发展就是教师个人持续完善自己的知识体系、提高教学技能、加强专业认识的过程。

1. 幼儿园教师专业发展

从大量的参考文献中可以看出，教师专业发展是一个具有连续性和整体性的进程，其发展的方向是提升教师的教学技能。这个课题里的学前教师专业发展的概念涵盖了以下这些层面：第一，学前教师专业发展与教师的学识、技能以及态度等多方面相关，是一个多领域、多层面的发展过程。第二，幼儿园教师专业发展是贯穿其职业生涯的整个过程的，随着时间的推移，教师的专业结构得到不断的更新，积累了大量的教学经验。第三，幼儿园教师专业发展能够显著提高教师的社会地位，使其受到家长和学生的尊敬。从这些可以看出，学前教师专业发展指的是学前教师在自己的职业经历中，持续地完善专业知识，提升专业能力，端正专业态度，不断完善自身综合实力的过程。

2. 幼儿园教师专业发展关系到学前教育的改革与发展

培训什么样的幼儿园教师，直接决定了学前教育改革能否顺利进行，也决定了学前教育教学的质量。越来越多的研究者意识到这一问题。学前教师的专业发展直接影响着幼儿教育的改革与发展。

3. 当前我国幼儿园教师的专业发展水平亟待提高

2012 年，教育部印发了《幼儿园教师专业标准（试行）》，十分清楚地指出"幼儿园教师是履行幼儿园教育教学工作职责的专业人员"。幼儿园教师在儿童的身心健康发展过程中有着十分重要的作用。幼儿园教师对幼儿产生的影响往往是体现在幼儿以后的生活中的，我们可以这样理解，幼儿园教师的素养水平直接影响着学前教育的质量，也影响着儿童的整个人生，所以，提升幼儿园教师的专业发展水平，已经成为现阶段发展学前教育、改革学前教育的核心工作。近些年来，我国的幼儿教育工作进展迅速，然而也存在一些弊端，其中重要的一点就是幼儿园教师专业发展水平偏低，学前教育师资队伍不健全。随着学前教育规模的扩大，学前教育教师的需求不断增大，学前教育师资队伍不断壮大，势必会产生很多的新人教育者，这些新人的专业化能力将会直接影响学前教育的质量。从整体上提升学前教育教师专业发展水平迫在眉睫。

（二）幼儿园教师的要求

1.知识结构

作为一名幼儿园教师，必不可少的是具备专业化的学前教育知识，其覆盖多个方面，如学前教育学、幼儿心理学、幼儿园课程的设计与实施、幼儿教育研究方法等。除此之外，还需要掌握计算机基础知识，英语听、说、读、写等相关知识，以及对幼儿实施保育和教育的基本技能。

2.能力结构

除了专业知识，优秀的专业技能对于幼儿园教师也是同样重要的，出众的言语表达能力以及文字处理能力是幼儿园教师能有序进行工作的必要条件。除此以外，妥善编制教学方案并有效落实方案的能力对幼儿园教师也极为关键。要实时关注婴幼儿状况，对其行为举止进行合理分析。作为幼儿园教师还要与时俱进，关注学前教育专业的最新发展情况，通过收集并查阅文献资料，掌握最新的理论成果，并进行适当的探讨。幼儿园教师需要组织幼儿进行科技、社会、文化等各项活动，因此要能对这些活动进行指导和创新，兼具必要的艺术素质、适当的表演技艺以及较强的审美能力。不仅如此，幼儿园教师也应掌握体育运动方面的必要知识、生理保健措施以及心理方面的常识，能冷静面对突发情况，合理调整幼儿心理状态。

3.素质结构

幼儿园教师的职业素质体现在如下五方面：第一，坚持正确的政治路线，坚持中国共产党的领导，具备爱国思想，树立正确的世界观、人生观、价值观；第二，遵守法律法规，热爱工作，拥有良好的幼儿园教师职业品德，具备合格的专业文化素养以及人文素养，可以在学生成长过程中起表率作用；第三，运用科学的学习方法，拥有与时俱进的学习精神，能熟练检索并研究专业相关文献，了解婴幼儿在社会科学、文化等方面的学习操作过程，并对其进行指导与帮助；第四，积极加强体育锻炼，保证健康的身体；第五，在学前教育工作中充分体现所学专业的知识与技能，并树立适当竞争的职业意识。

（三）1+X幼儿照护职业技能等级证书要求

1+X证书制度是指学历证书＋若干职业技能等级证书制度，就是指学生在获得学制系统内学历证书的同时，也要取得多类职业技能等级证书。"1"是基础，"X"是对"1"的补充，两种证书不是两个并行的证书体系，而是两种证书的相互融通。这就要求学校必须将职业技能等级标准内容融入专业课程体系，及时将新技术、新工艺、新规范纳入课程标准和教学内容，构建"1"和"X"深度融合的人才培养方案。

学前教育专业毕业生应通过学习考核获得幼儿照护初级证书，部分能力较强的学生可达到中级水平。幼儿照护初级包括四个模块：安全防护、生活照料、日常保健和早期发展。幼儿照护中级包括五个模块：幼儿安全防护、幼儿日常保健、早期发展、环境创设和幼儿生活照护。幼儿照护高级包括六个模块：安全防护指导、照护指导、保健指导、早期发展指导、环境创设指导以及特殊幼儿早期发现与干预。

幼儿照护课程目标主要包括以下几点：

第一，知识目标。了解人体形态与结构，掌握婴幼儿各阶段的特征以及保育过程的注意事项；能阐述儿童生长发育阶段的规律，并了解其受何影响；了解1—3岁幼儿的生活护理要点；能进行幼儿常见意外事故的预防与急救；能描述幼儿的心理卫生问题及预防措施；能了解幼儿生活的需求与卫生要求；能描述幼儿动作、语言、认知、社会行为发展的特点。

第二，能力目标。能较好地根据幼儿生理解剖特点，对不同的幼儿进行不同的身心保健，提高保育能力；掌握测量幼儿身体长度、头围的方法，能依据身高发育曲线图进行合理分析，并对幼儿生长发育进行监测；能根据幼儿特点对幼儿进行生活照护；能及时判断幼儿常见病情，并能采取有效的措施进行防护；能描述幼儿动作发展的变化及规律，并结合幼儿所处动作发展的相关阶段，对其进行粗大动作以及精细动作活动指导；有意外事故预防意识，能采取正确措施针对幼儿常见意外事故进行急救。

第三，素质目标。对幼儿保育工作具有热情和服务奉献意识，磨炼意志，掌握科学的学习方法，增强团队精神，形成良好的人文素养和科学素养；在"以人为本"理念的指导下，能把关注保育对象的身体、心理的最新理念应用于实际保育工作中；发挥主体作用，学会运用科学的临床思维能力保育幼儿，具有较强的创新能力、评判思维能力；具有认真勤奋的学习态度、严谨求实的工作作风，富有爱心、耐心、同情心、责任心及健康的心理素质，在实施整体保育的过程中关心、爱护幼儿，具备与幼儿成为朋友，与幼儿父母及其家属建立良好人际关系的能力，能提供优质、及时、准确的咨询服务，适应现代保育服务的要求。

三、专业认证对学前教育专业课程提出的新诉求

人才培养改革在师范类专业认证的指引下有了新的发展方向，在这一背景下进行人才培养改革具有一定的必要性。

（一）师范类专业认证的主要内容

近几年我国国内开始布局和推进对师范类专业人才培养事务进行认可的系列工程，教育发展也进入新的历史发展阶段。为了更好地推进专业认证背景下的师范类专业人才培养改革，首先要正确理解师范类专业认证标准的内容，以便更好地进行师范类专业人才培养的改革。

1. 师范类专业认证机构

认证标准的实际布局与规划关系到责任主体，即负责认证流程的主要群体。在实际操作过程中，认证主要是通过某些特定机构来实施的。尽管我国的师范类专业认证标准的实施刚刚起步，但是对于承担主要任务的机构，也就是认证内容的操作机构界定明确。这些机构主要包括教育部、学术教育中心、省级政府、教育机构和专家委员会。在上述各个机构里，学术教育中心主要保证师范类专业一级、三级认证以及部属类高等院校的二级认证工作；省级政府负责地区内认证办法的实施；教育机构主要识别个别省内大学的师范类专业人才培养事务是否能够达到二级要求；专家委员会检验教育评估机构的资质并对认证工作进行指导等。

综上所述，我们可以看到国内关于师范类专业认证的重要参与者之间存在着相互促进和协同的关系，特别是经由教育部负责成立的包括众多专家在内的专家委员会，这必然能够保障评估水准，从而保证各区域的工作可以按照特定的规划发展。

2. 师范类专业认证体系

为了使各地区普通高等学校能够更好地定位本学校的实际情况，合理明确自身的特性，不断地提升师范类专业人才培养质量，促进高校发展，关于一般大学的培育师范类专业人才的专业认证在不同区域构造演化成适宜不同高校的认可系统，并通过分级分类的方式进行认证。在此基础上，重点根据中学、小学、学前教育等实际发展状况提出了不同的师范类专业认证标准。

（二）专业认证对师范类专业人才培养改革提出的新理念

为了更好地促进师范类学科的培养改革，提升高校师范类专业人才培养改革水平，教育部于2017年出台了《普通高等学校师范类专业认证实施办法（暂行）》。

该文件的颁布从制度层面上保障了我国各地高校师范类专业认证工作的开展，具有里程碑式的意义。为更好地进行认证，推进人才培养改革，需要各高校深入了解认证思想，从而制定人才培养新方案。

1. 以学生为中心的教育观

以学生为中心的教育观重在要求按照学生的学习发展规律来进行教学，从而更好地促进学生的发展，这也要求学前教育专业人员关注每个学生的成长需求，并且最大限度地为师范类专业人才在未来行业的成长提供条件。在培养过程中也要协调规划好教学资源，提高课程质量，提升每个学生的能力，从而形成以学生为中心的人才培养模式。

2. 产出导向的培养观

作为对培育师范类专业人才过程评估的一部分，"成果导向"突出学生成果，并根据已完成学业学生的实际能力来评估培养质量。专业认证背景下的师范类专业人才培养在培养教育过程中要使各个师范类专业的学生能力素质能够满足基础教育对于教师的需求，并规定该科班学习者要能够明晰知识并提升自身技能。

3. 持续改进的质量观

在当前逐步推进对培育师范类专业人才过程进行评估的背景下，师范系统需要逐步提升自身评判和操作管束的能力，搭建行业内的评估系统。一整套自我评估体系的建立有助于全方位、系统化地监测人才培养过程，积极反馈来的结果可以用于指导师范类专业的人才培养改革。将师范类专业的内部控制与外部质量评估结合起来，不断反思专业的人才培养目标，配置相关课程，调整教学方式、方法，推进科班人才培养日臻完善。

（三）专业认证背景下课程改革的要求

培养目标的设定和学前教育专业的课程设置直接影响着学前教育专业学生的素质结构。在师范类专业认证背景下，加强课程改革是社会发展的必然要求。部分学校三年制学前教育专业课程的设置并不符合《教师教育课程标准（试行）》《学前教育专业认证标准》的相关要求，没有及时对人才培养方案及课程设置进行调整，以适应当前社会经济发展。部分学校三年制学前教育专业的课程设置存在重理论轻实践、偏学术化、重技能轻理论、偏艺术化，或者重视教师的表现性技能，忽视教师的交互型技能等特点。还有的学校课程设置门类单一，几乎未开设选修课程。课程的设置直接影响教师的教与学生的学，从而影响学前教育专业人才培养目标的实现。基于社会以及大众对幼儿园教师高素质的职业需求，根据《3—6岁儿童学习与发展指南》《幼儿园教师专业标准（试行）》《教师教育课程标准（试行）》《普通高等学校师范类专业认证实施办法（暂行）》等国家现行的学前教育职业发展要求，结合学前教育专业不断深化改革和快速发展的实际情况，探析师范类专业认证背景下的三年制学前教育专业课程设置存在的不足，并选择部分学校的三年制学前教育专业的课程设置现状进行相近的分析研究，提出完善课程设置的展望，希望能够为学前教育专业课程的设置提供参考，更好地实现专业人才培养目标，同时为培养一批"师德高尚、业务精良"的幼儿园教师队伍贡献自己的力量。

（四）专业认证背景下师范类专业人才培养改革的要求

为了保证高等学校师范类专业人才培养的高质量，实现各方面的有机融合是非常有必要的，包括高校的指导原则、师范类专业人才培养的理念、培养目标等。在之前的传统师范教育中师范类专业人才培养仍然存在着一些问题。当前认证评估系统对于人才培养也建构了相应的体系。因此，厘清传统师范教育存在的问题与弊端，依据师范类专业认证标准要求针对之前传统师范教育存在的问题进行相应的改革也显得尤为必要。

1. 传统师范教育人才培养存在的问题与弊端

第一，培养目标特征不鲜明。师范类专业对于师范类专业人才的定位主要是有能力担当一线教育教学任务的教师、学术科研人员以及具备管理能力的行政管理人员。定位不同的高校培养的学习者的能力素质有所不同，但在之前不同高校的人才培养方案中或多或少都可以找到"培养具有扎实专业知识和较强专业技能的应用人才"的痕迹。除此之外，有一些院校在进行人才培养目标定位时，并没有将高校发展与实际情况结合起来。由于目前尚未准确定义"高素质应用型教师教育人才"，当下人才培养目标泛化，缺乏一定的可操作性。由于培养目标定位缺乏一定的可操作性，因而专业课程的设置等存在一些问题，人才培养特色不明显、趋同性较强。

第二，教学评价的方式过于单一。传统师范教育的目标往往是培育合格的教师，因此基本是将期末考试成绩作为主要衡量标准，而不注重考量师范生的实际实践能力。设置这样的评价标准不利于提高师范类专业人才培养的质量，也不便于师范类专业人才及时适应一线的基础教育教学。这种单一的评价方式并不能促进师范类专业人才的教学能力和实践技能的全面发展。

第三，课程设置缺乏科学依据。受传统课程设置的惯性影响，以及其他同类院校课程设置的影响，很多地方高校在课程设置上只是简单地传承或借鉴，并没有根据国家的要求和地方的需求对课程的内容、类型、比例等进行科学论证，从而导致课程陈旧、设置不合理等各种问题。事实上，对于地方高校学前教育专业来讲，课程设置合理科学是实现培养目标的必然保证。《教师教育课程标准（试行）》以及《幼儿园教师专业标准（试行）》中对学前教育专业的课程内容和设置以及每门课程是对学生哪方面能力的培养都做出了明确的规定。其中包括设置何种课程类型，什么类型设置什么目标；如何合理把握公共基础课和专业必修课的比例；每种类型的课程时数以及开课先后顺序等。然而在调查研究中发现，有些地方高校在课程设置时并没有严格按照这个标准来进行，课程开设随意、盲目，缺乏科学论证，从而出现了轻视公共基础课，技能课和理论课比例严重失调等现象。很多高校之所以对新的专业课程设置模式有抵触，更深层次的原因是原有的课程模式较为稳定，教师在教学中已经摸索出了比较固定的教学方法，短时间内不愿意去尝试新的课程模式。正是这种思维固化、不愿改革的思想导致陈旧的课程结构无法得到更新。

2. 专业认证对师范类专业人才培养改革提出的新标准

针对传统师范生培养过程中的问题，当前专业认证提出一套改革的新标准。

第一，培养目标。师范类学科建设的核心内容之一就是师范类专业人才的培养目标，这也是师范类学科人才培养的重要基石，是师范类专业人才培养方案各环节实施的前提。培养目标主要描述了培养出来的人才所要掌握的基本知识、从事的行业领域、行业特色和导向。培养目标同时反映出了专业人员对培养结果的期望，它是专业认证的主要指导方针，具有一定的指导作用。从逻辑性上来看，目标设定层次决定高等学校人才培养的层次，因此，要设定目标方针，引领培养方向。

第二，毕业要求。对于毕业时需要达到的标准设定侧重于结果。师范专业毕业要求具体包括四个维度，即要求履行教师品德义务、学会进行教学活动、学会如何教育学生和学会如何实现自身发展。

第三章　学前教育专业课程设置的现状

学前教育专业课程设置直接决定学前教育教师的培养质量，从一定意义上来说，课程质量关乎教育质量，学前教育专业课程设置目前已经取得了一定的成绩，但同时我国学前教育专业课程设置还存在很多不足。学前教育专业课程设置必须结合我国经济发展特点，在满足幼儿身心发展和家长期望的基础上树立正确的教学观念，与幼儿的身心健康发展联系起来，构建丰富的课程内容，采用多样化的教学实践方式，从多方面提高学前教育专业师资队伍的建设水平，促进我国学前教育事业的发展。本章分为学前教育专业课程设置取得的成绩、学前教育专业课程设置存在的问题、影响学前教育专业课程设置的因素三部分。

第一节　学前教育专业课程设置取得的成绩

一、课程目标的多元化

学前教育专业课程目标以学前教育专业人才培养方案为文字载体，是课程设置的方向和依据，贯穿课程规划的全过程，是课程内容选择、课程结构设计、课程实施与评价等环节的基本要求和准则，主要包含人才培养目标和人才培养规格两方面内容。

培养目标是课程设置的起点，也是衡量课程实施效果的标准。学前教育专业课程设置的目标是使学生热爱学前教育，适应社会发展需要，具备文化基础，掌握学前教育教师必备技能。教师要具有较强的教学技能，要能够不断提高自己。有的院校制定了学前教育行政管理专业和学前教育科研人员专业的培养方案，制定了更高层次的人才培养方案；有的院校注重培养学生相关的专业知识能力、一定的研究能力和研究意识，还注重培养学生的创新能力。有的院校对于学生的从业方向有着更为具体的培养要求，学生毕业之后需要符合社会对于幼儿园教师的实际需求，适应学前教育发展改革的需要，毕业之后从事0—6岁幼儿的教学工作；有的院校主要培养能全面贯彻党的教育方针政策，具有坚定的教育信念和深厚的专业情意，热爱、尊重和理解儿童的学前教育专业人才。

在学前教育专业课程的人才培养规格上强调专业知识、专业技能和职业素养的多方面要求。

①专业知识的培养。依据《幼儿园教师专业标准（试行）》中"师德为先，幼儿为本，能力为重，终身学习"的基本理念，强调培养具备扎实的专业知识，宽广的国际视野，深厚的综合素养、人文底蕴和科学精神，能够创造性地开展学前教育教学和科研，适应新时代学前教育发展的创新型学前教育专业人才。有的院校强调培养具备扎实的人文、社会、教育与心理学等方面的基础知识，全面的学前教育工作专业知识与技能，适教乐教，具有先进教育理念和较强教育教学实践能力以及一定研究潜能的学前教育教师，同时还强调人才培养目标的国际视野。

②专业技能的培养。具有从事幼儿教育和保育工作必备的基本技能；具有开展各种幼儿教育教学活动的组织指导技能和一定的幼儿园班级管理、幼儿园业务管理技能；具有良好的口语表达技能和音乐、体育、舞蹈、美术等艺术表现技能；具有从事幼儿英语教学的技能；具有使用计算机等多媒体手段制作课件的技能；具有初步从事幼儿教育科学研究的技能。

③职业素养的培养。拥护中国共产党热爱祖国，具有集体主义精神和良好的思想品德；具有必要的体育、心理、卫生和保健知识及健全的体魄、良好的心理素质；具有自觉创新、自主创业的精神；具有不断获取知识、开发自身潜能、适应岗位变更的能力；具有较强的工作协调能力和人际交往能力。

学前教育专业课程要培养学前教育专业学生的国际视野，培养知识牢固、师德高尚、技能扎实的人才。学前教育专业课程设置呈现出宽口径、严要求的特点，以隐性的方式提高了所培养的学生应当具备的学前教育专业能力水平。

二、课程内容的综合化

学前教育专业课程内容主要指在课程设置过程中对学前教育专业各门课程的选择，具体而言，包括了学前教育专业课程所论述的事实、问题、观点和原理，是人类文化的载体，随文化的不断进步而变化，是学前教育专业教师学习的对象，是教师直观的学习材料。学校课程空间是有限的，不可能涵盖所有课程，因此课程内容必须有选择性。课程内容的选择必须服务于培养目标的实现，学前教育专业也不例外。针对学前教育专业设置的主干课程具体包括通识教育课程、学科基础课程和实践课程三种类型，并且各自具有自身的特色。有的院校为了更好地提升学生的专业学科素养，设立专业拓展课程，同时对于选修课更为重视，侧重于提升学生的美术、音乐等学前教育专业涉及的多领域内的教学能力。教育实践课程中增加了教育研习相关的课程，更好地让学生对自己的学习和实践活动进行总结提升，以帮助学生在教学反思中不断提升自身的教学能力。

就具体内容而言，在内容结构上设置了课程模块，在每种具体的课程模块下又有一定的"校本"性，还设有通识教育课程和专业教育课程。例如，有的院校的通识教育课程有六个模块：家国情怀与价值理想、国际视野与文明对话、经典研读与文化传承、数理基础与科学素养、艺术鉴赏与审美体验、社会发展与公民责任。有的院校将专业教育课程分为学科基础、专业选修、教师职业素养、教师教育基础、教师教学能力提升、教育实习、职业培训、毕业论文、实践与创新。也有的院校将通识教育课程划分成了以下三大模块：一是思想政治教育模块，二是国防教育模块，三是交流表达与信息素养模块。

学前教育专业课程着重培养学前教育专业学生的研究能力与逻辑思维能力，着重培养学生理论与实践相结合的能力。

三、课程结构的模块化

要清楚地界定课程结构，首先要明晰结构的含义。结构是组成一个系统的各个要素间的稳定的相互联系，是系统内要素间的排列组合方式，是各种不同的要素在物质系统的内部相互影响的方式。结构的含义包括三个部分：一是组成事物的各种要素，二是各种要素的占比及组合方式，三是各种要素的相关性和相互作用形式。

首先，课程结构可以从广义和狭义两方面来理解。广义的课程结构是指学校课程中各组成部分的组织、排列、配合的形式。狭义的课程结构是指一门课程中各组成部分的组织、排列、配合的形式。广义的课程结构具体指教学计划，其关键在于设置哪些门类的课程及课程如何调配安排；狭义的课程结构则具体指教材（教学大纲和教科书）。

其次，课程结构还是课程内部各要素、各成分、各部分之间合乎规律的组织形式，可以从表层、深层两个维度去剖析课程结构。表层课程结构指的是一定学段课程的总体规划的结构，深层课程结构指的是一定学段的教材结构。

再次，课程结构应从纵向、横向进行划分。纵向课程结构由教学计划、课程计划、教学大纲、课程标准及教科书构成。横向结构则关注各种门类的课程所占比例及相互关系。

最后，课程结构可以划分为宏观课程结构和微观课程结构。宏观课程结构主要指的是学校中一个专业的课程的整体架构，包括课程门类的设置、所占比例、开设顺序及各类课程间的相互关系；微观课程结构则指的是各门课程内部要素的组合调配，具体包括课程目标、课程内容、课程实施及课程评价。

课程结构是课程设置的核心部分，在整个专业教育环节中起到至关重要的作用。通常来看，课程结构体现出不同课程间的协调和配合，它搭建起了一套完整的课程教育体系和人才培养体系。所有的教学目标和教学工作都围绕着课程结构展开，科学完善的课程结构体系有利于实现教育资源的最优化配置，保障教学质量，提升学生的专业技能和综合素养。

学前教育专业课程结构主要是指学前教育专业课程的各个构成要素及这些要素间的关系，涵盖课程类型设置、不同课程类型在总课程结构中的比例以及它们是如何相互作用共同构成一个整体的。它规定了学校应该开设哪些课程模块、各个课程模块包含了哪些课程内容以及各个课程模块在总课程设置中所占的比例。在更加微观的层面，涵盖了课程教学的目标、任务和内容，是课程实施和评价的依据。课程结构的基本要求是建立模块化的教育课程体系。

从宏观上来看，各个院校的课程结构以模块形式划分，不同院校依据其课程内容对结构进行划分，结果均有不同且差别较大，体现了不同院校课程设置上的差异性和多样化。各个院校课程类型的具体划分基本达成了共识，有通识教育课程、学科基础课程、专业教育课程、教师教育课程、个性化课程和实践教育课程等六种课程类型。针对不同类型的课程在教育中发挥的作用，学前教育专业课程模块包括通识教育课程模块、学科基础课程模块、专业教育课程模块、实践教育课程模块四个模块。

通识教育课程是以学前教育专业国家标准为依据而设置的课程类型，其主要由上级主管部门或各个院校设置。通识教育课程是教育课程体系的基础，不管学生选择的专业是什么，都要学习通识教育课程。这类课程多开设于学生步入高等教育阶段伊始，主要对学生进行基本的思想政治教育、计算机能力培养、职业生涯规划和外语教育，培养学生的人文科学素养和综合能力，学科类型较多，涵盖范围较为广泛。

学科基础课程是为使学生掌握学科基本知识与能力所设置的课程，主干学科为教育学和心理学。学科基础课程是各个院校设置的课程项目之一，是学习专业教育课程的前提和基础，是促进教师专业发展、终身学习的基石。其设置的目的在于让学生掌握本专业主干学科的基本知识与能力，使其在掌握基本教学理论与方案的基础上，拥有科学的现代教育观念。

专业教育课程是能够直观展现出学前教育专业不同于其他专业的特殊课程，通常安排在通识与学科基础课程之后，包括了专业理论课程和专业技能课程。不同院校往往基于课程内容的不同对专业教育课程进行划分，包括两分法和三分法。两分法是将专业教育课程分为"专业基础课程"和"专业任选课程"两类，三分法则又将"专业任选课程"分解成"专业核心课程"和"专业方向课程"。另外也有部分院校依据课程安排划分了"必修课程""限选课程""任选课程"三类或"必修课程"和"选修课程"两类。各院校专业知识课程多集中于幼儿园课程、学前儿童游戏、五大领域课程及0—3岁早期教育等课程上，对特殊儿童教育及幼儿教育热点关注较少。此外，也有院校开设了师幼互动课程、儿童剧课程、低幼卡通动画制作课程等。在专业技能课的开设上分为三个大类，即舞蹈、音乐与美术，而在具体的开设时间和科目上各不相同。

实践教育课程主要是指学生在教育环境中，将已经学习掌握的理论基础课程作用于实践教学环节，在熟练应用理论知识的同时提升自身的实践技巧和能力，继而提升自身的综合素质能力。2011年教育部印发的《关于大力推进教师教育课程改革的意见》中指出，全面加强优质教师的培养，加速进行教师教育课程改革和实施《教师教育课程标准（试行）》。《教师教育课程标准（试行）》将教师教育课程划分为六大领域：儿童发展与学习；幼儿教育基础；幼儿活动与指导；幼儿园与家庭、社会；职业道德与专业发展；教育实践。在不同领域的教师教育课程中，通过调查和截取开设频次较高的课程，将各个课程开设频次相加，最终得出"幼儿活动与指导"学习领域频次之和最大，各个院校在这个领域开设的课程较为集中，在"幼儿园与家庭、社会"学习领域频次之和最小，不同院校在这一领域开设课程数量较少，且差距较大。"儿童发展与学习"领域开设特殊儿童教育、学前儿童心理学、教育心理学等课程频次较多，而普通心理学及幼儿教育心理学的课程开设频次相对较低。在"幼儿教育基础"领域，各大院校都集中开设幼儿园课程、学前教育学、中外学前教育史课程，对教育学原理、教育哲学课程开设频次相对较低。在"幼儿活动与指导"学习领域，各大院校开设的课程较为统一，其中学前儿童游戏、五大领域课程、学前卫生学、0—3岁早期教育、幼儿园环境创设课程开设频次均较高。在"幼儿园与家庭、社会"学习领域，相较于其他领域，开设的课程数量较少，集中在幼儿园班级管理、学前教育政策法规课程，而对于家园合作与沟通、学前儿童家庭课程涉及较少。在"职业道德与专业发展"学习领域，不同院校集中开设教育技能、学前教育研究方法课程，而教师职业道德课程开设极少。

四、课程实施的合理化

在课程实施过程中，坚持德育为先，努力打造"三成"教育，即成长、成人、成才。在课堂教学中渗透德育，开创青春护航中心，定期给学生带来心理健康疏导课程；注重教学方法、教学模式的多样性，从方法上吸引学生的注意力；坚持因材施教，教学任务注重学生的差异性和学生学习能力的强弱，坚持开展团队合作，追求共同进步；注重多元化评价机制的建立，重视过程和结果性评价，鼓励多方参与评价，达成更好的课程教学效果。

五、课程评价的科学化

根据学前教育专业培养目标和育人理念，学校建立了科学、可行的评价标准。参照国家对学前教育的要求和学前教育教师的专业标准等，制定课程教学及实训实习评价标准。学校关注对学生职业素养、学习能力及专业实践能力的评价，突出对幼儿园一日活动组织能力、游戏组织与指导能力及团队合作能力的评价，坚持评价主体、评价方式、评价过程的多元化。以任课教师评价、实习指导教师评价、学生自评互评为主，重视过程性评价，关注学生在原有基础上的发展。考核采用理论测试和实际操作考核相结合的方式，重在考核学生对理论知识的应用和实际操作水平。

对顶岗实习课程进行考核评价，成立由幼儿园指导教师（兼职）、专业教师和班主任组成的考核组，对学生在顶岗实习期间的劳动纪律、工作态度、团队合作精神、人际沟通能力、学习能力、专业技能和任务完成等方面的情况进行考核评价。

第二节　学前教育专业课程设置存在的问题

一、课程目标定位不明确

（一）目标定位不准，偏离现实

在学前教育专业课程目标定位中，教师专业发展不是一个静态不变的概念，而是一个动态变化的概念。对于教师而言，专业发展伴随其整个职业生涯的成长过程。教师专业发展是连续不断、逐渐进行的，不是一蹴而就、立竿见影的，它主要强调的是教师的终身发展，是贯穿教师生涯每一次培训与提升的一个连贯的过程。由此可见，随着教师专业发展理念的成熟，直接培育出专业优秀的教师是不现实的，作为教师培育源头的职前教育并不是一步到位的。

然而，目前大多数的学前教育专业课程设置目标对人才培育的标准与教师专业发展的理念是相悖的。一些院校将培养"优秀幼儿园教师""全面专业人才"奉为目标，忽视了专业发展概念中职前教育和职后发展的并存规律，过高地制定了职前教育的培养目标，致使课程设置出现分配"偏科"的问题，严重时会使个别课程的设置失去教学效益。

有的学前教育专业课程目标中对于人才培养的规格要求的表述比较含糊，导致教师在课堂上没有具体的标准可以参考。一些教师对于学校要培养什么样的人，教什么样的科目，让学生学到什么样的知识和技能以及毕业学生应该处于什么水平并不清楚，所以教师上课的随意性比较大。这样的专业人才培养目标直接影响到课程设置与教学实施，甚至也会直接影响当前学前教育人才培养的方向与教学质量。目标具体定位的不明确、不完整，导致教师在课程实施过程中无法根据专业的培养目标确定具体课程的适宜的目标，造成所培养的学前教育专业的学生在专业技术能力上和幼儿园教师的专业标准存在偏差，难以满足幼儿园对学前教育专业人才的需求。

（二）目标略显宽泛，特色体现不足

当前我国不同院校的学前教育专业课程设置的目标存在高度的相似性，没有因地制宜的、符合院校自身特点的目标方向。也有一些院校将培养高端教育人才作为自己的目标方向，这样的课程设置目标定位没有突出学校自身的特色。不同类型层次的院校没有积极探索适合本院校持续发展的学校管理体制和办学模式。

（三）目标过于空泛，指导性较弱

人才培养目标指导着课程设置的方向，规定着人才培养的规格和质量，在整个培养环节起着重要作用。有些院校的学前教育专业课程设置的人才培养目标表述模糊，缺乏区别性，加之参与制定的主体过于集中，致使制定的课程目标对学生职业能力的培养和对教师教学的指导作用大大降低。例如，有些院校的学前教育专业课程目标是培养德、智、体、美、劳全面发展，能自觉践行社会主义核心价值观，幼教情怀深厚的幼儿园教师，提出专业基础扎实，素质全面，擅长保教，具有较强的综合实践能力、持续发展潜力和创新意识的要求。但"情怀深厚""基础扎实""素质全面"等字样表述过于空泛，并没有体现出学校主打的育人特色，也体现不出学生的技能专长。除此之外，参与制定学前教育专业培养目标的主体过于集中，主要是教研室老师、系部领导。有些院校对学生、教师的宣传不到位，导致部分教师的教学偏离课程目标方向，难以激发学生自主学习的意识，使得课程目标的指导性作用难以发挥。

（四）目标过于理想化，实操性有待加强

有的学生在学校只知道学了哪些课，并且只要通过了考试就可以，但在幼儿园顶岗实习中，他们发现很难将书本中的知识灵活运用到教学实践中。他们对于幼儿发生的突发状况不会处理，也不知道如何与幼儿沟通，感觉学校的要求和幼儿园的要求差距很大，很难适应幼儿园的工作。

可见在学前教育专业人才培养过程中，学生的实际情况是远低于学校制定的人才质量标准的。虽然各个院校依据人才培养目标开设了相关的课程，学生也完成了相应课程的学习，却难以让学生真正掌握相关的学前教育职业能力，难以提高学生岗位胜任力。因此，课程目标的制定应结合各个院校学前教育专业实际情况以及学生能力发展水平，如果脱离现实情况，定位过高，课程目标就会成为小部分学生的培养要求，偏离对学生的普遍指导的目的，缺乏实操性。

（五）培养定位及要求相对单一，层次性有待增强

学前教育专业将学生毕业后所面临的职业岗位群定位为幼儿园教师这一岗位，但在对学生进行职业预期规划中仅有少部分学生毕业后想从事幼儿园教师这一职业，其他一部分学生想进入教育科研机构、早教机构、托育服务、培训机构、小学等，甚至有一些学生表示不会从事儿童教育行业。

有些院校在课程目标中没有考虑到学生多样化发展的需求，职业岗位群的划分过于单一，不利于学生转岗以及从事其他儿童教育行业相关工作。同时，这些院校在学前教育专业的人才培养目标中只是强调作为幼儿园教师所需要的基础素养和专业技能，将学生的职业能力简单等同于专业知识的获得，并没有深入分析岗位所需的职业能力，使得部分教师因缺乏一线幼儿园教师教学经验而不清楚课程完成后学生应达到何种能力标准，导致课程随意性较大。除此之外，专业的培养目标应面向全体学生，应是全程、全面、动态的。学前教育专业课程目标应体现出学校的办学特色，以学生职业能力发展为中心，根据学生年级、课程进程，有阶段性、分层次地设置学生职业能力标准。

二、课程内容不恰当

（一）课程内容存在重叠

在学前教育专业发展历程中，在加固理论教育根基的同时，为了紧跟时代前沿教育理念，兼顾课程的多样性，很多院校增设了大量课程，但多数课程存在概念相同、内容重复的问题。例如，在公共必修课中开设了计算机基础课，在专业必修课中又开设了现代教育信息技术课，其中大部分内容涉及基本办公软件的讲解，只是增加了教学课件的制作部分。有些院校在专业限选课中也开设了多门相似课程，课程内容高度重合，缺乏整合；专业课的开设不能有机统一，浪费了教学资源和学生宝贵的学习时间。重叠的课程内容在一定程度上占用了学生的有效学习时间，致使学生涉猎其他感兴趣的课程内容的时间大大减少，难以进行自主学习，而且大量重复的课程内容也可能会导致学生出现倦怠情绪。一味地追求课程的丰富性，忽略对课程内容的科学整合以及学生学习时的体验感受，会造成不小的消极影响，不利于培养目标的实现。

（二）课程内容与部分职业能力要求不符

部分院校的选修课程开设范围窄且内容缺乏创新性。《学前教育专业师范生教师职业能力标准（试行）》就要求学前教育专业学生要有信息素养、爱岗敬业精神、创新思维、健全的人格、人文科学素养等，对学生的基础素质提出了要求。选修课发挥着培养学生兴趣、拓展知识、陶冶情操、锻炼学生一般能力的重要作用。虽然学前教育专业人才培养方案中公共选修课和专业选修课列出了多门课程，但实际开设情况却不容乐观。人才培养方案中部分课程实际上学校并没有开设过，在实际安排课程时又会因为教师时间安排、学校资源缺乏、报课学生少等原因不开设一部分课程，能开设的就剩下常规的选修课。选修课除了开设范围较窄，内容也缺乏创新性，如幼儿园环境创设这门专业选修课，教师应紧密联系幼儿园工作实际，锻炼学生环境创设动手能力，但在开设过程中一些教师全程理论式教学，讲解环境创设涉及的理念、原则，学生动手实践机会较少，导致课程内容脱离了幼儿园教师工作实际，难以支撑职业能力的培养。

专业理论课难度较大，理论指导实践的能力难以培养。学前教育专业理论课是指导学生把握幼儿发展规律、掌握教育学及心理学相关知识、形成职业态度的必修课程。学前教育专业的部分学生存在学习主动性较差、知识接受能力较差等问题，对于理论性知识的学习兴趣较低。再加上大部分学前教育专业教师专业理论丰富但缺乏学前教育实践工作经验，受传统教学方式和自身学习经历的影响，教学过程中学科逻辑性、理论性较强，课堂活跃度、互动性较差，忽视了学生的接受能力，导致学生对专业理论性知识难以吸收，理论基础知识不扎实难以指导教学实践。

艺术技能课过于重视技能专业化发展，偏离其作为辅助工具的属性。有些院校注重学生艺术技能的训练，但却因过于注重技能专业化发展，偏离了学前教育教师技能需求的定位，使得技能训练安排更倾向于艺术生的专业培养模式，导致在职业观念形成中产生只要弹琴、唱歌、舞蹈、画画技能过硬便能成为合格的学前教育教师的错误观点。

（三）课程内容存在缺失

《学前教育专业师范生教师职业能力标准（试行）》和《幼儿园教师专业标准（试行）》中都提到要认识保教并重的意义和作用，以及对家园沟通能力的培养。但是，只有极少数院校关注到了幼儿园教师应当具备保育知识、保育能力这一方面，课程内容设置存在缺失。幼儿园与家庭、社会学习领域开设的课程数量相较于其他领域而言，显得较为稀少，侧面体现出在学前教育专业课程设置中对这块内容的重视程度并不高，院校并未充分利用家庭与社区的合作教育关系，未充分发掘现有教育资源。保育知识、家庭教育沟通知识在学习中涉及较少导致学生在实习过程中保教知识明显不足，与家长的沟通交流比较吃力。

三、课程结构不完善

学前教育专业是以培养技能型人才为主的，但是学校开设的课程无法充分培养学生的实用型技能，公共基础课程较多，专业理论课程设置不全面，专业技能课程与教学实际不相符，这样的课程结构对于培养行业专业化人才是不够的。由于学前教育的特殊性以及儿童认知发展存在的客观规律，教师必须具有较高的专业素质，但是从课程设置可以看出，其中的基础课程占据很大的比重，这些课程与专业课程的联系很小，无法体现学前教育专业的特点，也无法提高学前教育专业学生的专业技能和素质。除此之外，学前教育专业的课程中还应该包括幼教口语、游戏与活动设计、幼儿文学阅读、幼儿园管理与基础学前教育等不同层面。但是有的院校在专业理论课的设置上明显欠缺，不利于培养学生的专业素质；专业技能课的设置多而不精，专业技能要在反复的练习中才能得到提升。有的院校技能课程开设的种类很多，但是每门课程对应的课时很少，学生只是蜻蜓点水地了解了一下。学生所学的技能以后都是要应用到教学实践中的，不能只是单纯地了解一下，应该充分考虑幼儿园对这些技能的要求，并在此基础上进行着重培养，让学生具备真正的可以落实到教学中的技能。

从专业课程设置结构来看，我国学前教育专业课程设置依旧存在一些不够完善的问题，主要包括课程模块划分差异较大、课程模块学分分布不均、公共课程缺乏灵活性和广博性、选修课程占比过低、专业核心课程缺乏独特性且考核方式单一、理论课程和实践课程失衡等。

（一）课程模块划分差异较大

学前教育专业课程结构以模块形式划分，不同院校依据其课程内容对结构进行划分，结果有不同且差别较大，体现了不同院校课程设置上的差异性和多样化。从总体来看，各院校因其针对课程模块的界定标准不一，从而造成了课程结构各不相同的局面，如有的院校将公共必修课程与通识教育课程并列等。基于目前各个院校关于课程模块的界定标准没有统一的认识，课程模块的划分难免出现一定的随意性，继而导致具体的开设内容存在归类模糊错乱等问题，因而在同一课程模块下的课程开发和课程内容、课程设置也不完全相同。

（二）课程模块学分分布不均

不同模块上的学分差距，在一定程度上代表了不同院校对学生培养的侧重有所差别，会直接导致不同院校培养的学前教育专业学生储备的知识量和技能等不尽相同，对学生毕业之后的工作状态也会产生不同影响。在课程模块的学分配比上，各个院校也存在较大的差异。有的院校中通识教育课程较高的学分占比间接地导致专业教育课程和学科基础两大模块的学分比重较低，影响到学前教育专业学生对后两者的掌握程度，不利于学生从业后的综合发展；有的院校中学科基础课程模块在所有课程模块中所占比重最大，而教育实践课程模块不容乐观。综上所述，各院校无法平衡地设置各类课程模块的学分，就会导致专业学生出现"偏科"现象，不利于其综合发展，甚至对其后续从事教师工作产生不良影响。

有些院校的学前教育专业课程结构是按照传统的学前教育专业课程体系进行构建的，将课程类型划分为公共基础选修、公共基础必修课、专业必修课、专业限选课、实践课程五大类型。看似理论和实践兼顾，实则在培养过程当中难以将理论与实践相融合。这首先就体现在学时、学分分配不合理上。必修课无论在学时还是学分分配上都占有绝对重要的地位，导致学生产生必修课的重要性远高于选修课的心理。好的人才培养体系应合理分配必修课和选修课的学时、学分比例，重视选修课的辅助、通识教育功能。

（三）公共课程缺乏灵活性和广博性

公共课程的目的在于通过学习培养完整的人格。这与泰勒原理重视学生的自我发展，建构主义学习观注重学生的全面发展，尤其是学习者自身经验的构建相符合。公共课程旨在提升学生的综合素质，拓宽其知识面，为学生的全面发展奠定坚实的基础，所以，各院校要重视公共课程的设置。

从课程设置比重来看，当前各院校公共课程的主要部分是必修课，选修课的学时与学分少之又少。学前教育内容的全面性、基础性要求幼儿园教师要有广博的文化基础。由于公共必修课较为固定，选修课课时偏少，所以公共课在培养学生的科学与人文素养、提升其综合素质方面的效果有限，也未能体现出学前教育的专业性。

（四）选修课程占比过低

优秀的课程设置框架不但要确保学生完成必修课程，而且要涵盖多种可供挑选的选修课程。所以，就要求在学前教育专业课程设置过程中，不仅要使学生掌握学前教育专业的基础知识，与此同时，还要因材施教，培养学生的特点与个性。学前教育专业课程设置中必修课程的学分占比较大，选修课程学分占比较低。较低的学分占比导致选修课程的选择范围变小，大多数的学生在选择选修课程的过程中又受到与专业课程相关性的影响，致使选修课所选课程并不能有效地体现学生的个性，导致选修课程失去了原本的多样性。

（五）专业核心课程缺乏独特性且考核方式单一

①专业核心课程缺乏独特性。在专业类课程领域，专业核心课程是每所院校必有的，由于学前教育兼具保教合一、寓教于乐的专业特性，幼儿园教师要具备根据学前儿童的身心发展规律进行教育教学工作的专业知识、技巧与能力。学前教育专业的办学主体有不同层次、不同类型的学校，但大部分院校的专业核心课程的结构基本相似，这既不能体现出学前教育的改革与发展对此类专业的具体要求，也不能真正反映学前教育专业培养人才的不可替代性与独特性。②专业核心课程考核方式较为单一。考核是检测学生通过一段时间对课程的掌握情况，评价教育教学工作是否顺利展开并收到预期效果的重要手段。学前教育专业的课程学

习领域广泛，学习模块多样，单一的考核方式会导致对学生、任课教师、教育教学工作等方面的评价不够客观。

（六）理论课程与实践课程失衡

理论课程与实践课程的学分差别很大，部分院校并未明确列出实践课程的学分数。目前实践取向已成为幼儿园教师培养的重中之重，实践课程学分的要求也已明确。然而，在落实实践课程的过程中，由于缺少相应的指导，学生专业实践的受重视程度不高。

有些院校的学前教育专业推行"理实一体化"的教学模式，但在实际教学过程中，专业理论课程与实践课程分割得比较明显。专业理论课程与实践课程分割具体表现在以下几个方面：①专业理论课程与实践课程开课时间不一致。例如，理论课程主要集中在前面的四个学期，每学期开设一或两门理论课程，实践课程主要有校内实训和校外实践。校内实训更多地倾向于对技能的训练，与理论课程的关联性不强，校外实践集中在第四学期的为期一周的幼儿园见习、第五学期和第六学期的顶岗实习。先理论学习后实践，时间跨度比较大，学生的理论课程学习没有实践的巩固，也不能指导实践，实践课程内容单一，也没有相关理论课程的支撑，两者之间没有交互进行，"理实一体化"的教学模式难以得到长效的发展。②专业理论课程与实践课程内容分割明显。教学过程中，专业理论课程的内容整体偏难，教育学、心理学、卫生保健主要以传授知识为主，学生具有这方面的知识积累，但在未来幼儿园实际工作中应用不多，造成学习内容的空置现象。长久而言，显现出学不致用的问题。实践课程开设的学时能满足专业教学标准的要求，但在时间安排上、学生实践内容的选择上有着明显的偏差。校内实训主要是技能实训，学生在学前教育专业实训基地进行唱歌、弹琴、跳舞、画简笔画、做手工等技能训练，组织课堂模拟教学，和平时的教学过程保持一致。除此以外，幼儿园保育和教育相关的实训内容并未开设。校外实践内容与理论的应用联系不大，教育实践主要是为了学以致用，帮助学生适应幼儿园教育工作者的角色，帮助学生更好地适应未来工作。但事实上，幼儿园的见习和实习活动往往没有预先设定目标和实践学习计划，学生缺少专业的指导来组织实践内容。见习时教师负责带队，学生自行进班，了解幼儿园一日常规管理和教师的基本工作流程。顶岗实习要求学生在短时间内适应岗位要求，能快速地胜任幼儿园教师的角色，尝试组织和开展教学活动和游戏指导，参与幼儿园教育管理工作、独立承担幼儿园常规管理活动。这些具体项目的开展贯穿幼儿园一日活动的全过程，对个人职业能力和综合应用能力的要求非常高。学生在校期间的"理想化"模拟教学能力训练、技能化的才艺训练以及理论化知识点梳理，与幼儿园环境与岗位以及幼儿园教师的能力要求相差甚远。教育实习和见习时间太集中，学生短时间内适应不了幼儿园的工作。

学前教育专业课程设置中的实践环节安排过于集中，教学组织能力难以提高。有的院校学前教育专业实践环节采用见习加顶岗实习的模式，学生在第一到第五学期每学期到幼儿园见习一周，见习可由学校联系，见习单位主要为本地的幼儿园，园区质量参差不齐。然后再进行集中实习，实习前学校召开实习动员大会，安排蹲点指导实习教师，系领导和教务处巡回指导，但由于教师数量有限，实习指导及巡回检查逐渐流于形式。实习结束后学生上交实习鉴定表、毕业设计（教育案例）、实习教案和社会实践情况登记表。对于实习效果的评定只通过实习材料撰写这一途径，故难以把握学生的实际情况。虽然每学期安排见习是为了让学生充分了解幼儿园的真实环境，但由于与见习幼儿园沟通不到位、见习管理制度不完善、见习目的性不强、考核方式单一、见习时间短等问题，学生见习逐渐流于形式，得不到实质性指导。除此之外，教育实践主要靠集中实习，先理论后实践的安排容易导致理论与实践相脱离。幼儿的学习方式区别于其他年龄阶段的儿童，幼儿活泼好动，教学过程中的突发状况出现频率较高，教学组织能力更需在实践中不断加强。实习区别于见习，顶岗实习需要学生完全承担教师的职责，对幼儿进行实质性保教工作。有的学生在毕业实习之前都没有真正进行教学实践，在顶岗实习期间，因幼儿园的教师本身工作就多，没有精力指导学生，学生只能在旁边学习，学生的教学组织能力无法得到锻炼。顶岗实习直接让学生上讲台，虽然有指导教师，但对刚毕业的学生来说很难。

学前教育专业课程设置的实践环节实施与基本标准存在差异。从各个院校实践环节的学时与学分、课程内容、组织方式来看，各院校都重视实践环节，但在开设的形式、学时与学分上存在较大差异。学分差异较为明显且规定不统一，关注组织形式，但缺乏实质性内容，大部分院校对于如何组织实践环节没有清晰的表示。这种情况源于不同院校的学前教育专业办学条件不同以及课程制定者对实践课程的认知与理解受限，参与课程设置主体单一、不全面，同时也反映出院校学前教育专业关于实践性教学虽然有指导性的意见和政策文件，但在实践实施过程中没有达到基本标准。

①实践环节缺乏连续性与全面性。学前教育专业课程理论强调能力的可操作性，强调社会实践与复杂情境对学习者的重要性，可以看出实践环节对学习者知

识与能力的培养非常重要。首先，实践环节的认识实习、跟岗实习、顶岗实习与毕业设计有较长的时间间隔，内容缺乏整合性，使得学生在校的理论知识学习与在园的实习实训因时间上间隔过长而相互脱节，难以实现"做中学"。大部分学生都在学校的实习实训中能增强专业技能与能力，但是实习的次数应该再多一点，在上完专业理论课后可以直接到幼儿园观察和实践，看到实际情况之后更容易理解，记忆也会更深刻。其次，不同年级教育实习的侧重点不明确，缺乏层次性。有些院校将实践环节分散安排在不同的学期，但学习领域划分模糊，实习内容涉及面狭窄，更多的是围绕常规的保育工作和教学活动以及艺术技能进行，对于加深学生对学前教育工作及其发展动态的认识、提升学生自身的专业实践能力与实际教学能力等方面的关注较为不足，对于身为幼儿园教师与同事共同合作能力和与家长沟通协调能力以及自身的教研、反思、可持续发展等专业能力的培养，教育实习中很少涉及。最后，实践环节落实到课程之中，主要形式有实习跟岗、实习顶岗、实习毕业设计以及综合实训，但是微格教学、幼儿园行政管理实习等形式较少。内容上大多是跟班听课，组织相关活动，但是有时学生确实很少能发挥自己的主观能动性。

②实践环节的实践设施指向性不明确。校内外实训实习基地建设是专业实践教学的重要平台，担负着学生的学训互动和教育见习、实习的重任。校内外实训基地表述较为模糊，没有指明具体的实习实训单位，部分院校没有关于实践设施的相关说明。

部分课程设置脱离实际需求，有部分学生实习的内容与学校学习的内容不太吻合，学生会认为通过课程学习获得的能力也与作为幼儿园教师需要具备的能力不相符。通过课程学习，主要获得的是理论知识，而作为幼儿园教师需要的更多是实践动手的能力。在目前部分课程设置中，实践课程所占的比重相对较小，学前教育因为其特殊性，要求教师具备较高的专业素质和处理问题的能力，但是学校的理论课程无法使学生相关的能力得到提高，这也是很多毕业生无法适应幼儿园教师工作的原因，因此需要合理设置实践类的课程，增强学生实践的能力，使他们更好地适应幼儿园的需求。

四、课程实施不灵活

第一，课程实施主要体现在教学方面，教学是实现课程目标的基本途径，所以在这一过程中教学方法的选择十分重要。目前，学前教育专业的教师多是"专业对口"，在教学方法的选择上并不能根据学生的需求运用多种教法，目前采用的教法多是"授受式"教学法，对学生来说过于枯燥，提不起他们的学习兴致，导致课程实施效果不好，课程目标难以实现，学生不能学以致用，进入一线幼儿园工作后很难适应。所以，在课程开发过程中建构具有学前教育专业特色的教学方法非常重要，因为合适的教学方法是实现课程目标的基本途径，也是提高学生学前教育专业能力的一种手段。

第二，学前教育专业的教师存在着师资不足的情况，对该专业的正常教学的开展造成了影响。有的学前教育专业课教师不是学前教育科班出身，多数是从其他专业的教师中分流过来的。由于这些教师没有接受过专业的学前教育技术培训，不具备学前教学所必需的系统的专业知识，尤其是他们缺乏实践经验，在教学过程中只能"照本宣科"，难以结合实际情况对知识进行拓展。这直接影响了学生对理论知识和实践技能的掌握。学前教育专业教师普遍缺少幼儿园的实践经验，许多人都是一毕业就直接担任学前教育专业教师。虽然他们的基础理论与教学知识相对比较充足，但由于缺少具体的实践经验，他们在实际教学中往往无法把自己的理论与实践紧密地联系起来。由于缺乏真实的案例分享，学生对枯燥的理论知识难以真正掌握。很多教师虽然已经获得"双师型教师"的称号，但其本身并没有相关的实践经验，不能对学生的实践进行指导。

第三，学前教育专业课程设置中教师的教学方法落后，理论教学与实践教学相脱节。无论是理论课教学还是技能课教学都存在教学方式一成不变，学生被动接受知识的问题。例如，声乐课程除了介绍音乐的基础知识和歌唱技巧，还应开展幼儿音乐游戏、节奏游戏、歌唱游戏等一系列实践活动，紧密结合幼儿园工作实际展开教育教学，但教师更关注学生技能理论知识的传授和唱歌技巧的训练，教学方式单一，理论性较强、实践性较弱，理论与实践相脱节。教师上课讲得太专业，尤其是讲解理论知识，学生很难听懂，而且很多技能课的上法跟幼儿园小朋友的特点完全不符，而实际上幼儿园教师无论是弹、唱还是说、跳、画都必须考虑幼儿的发展特点。在学前教育中应坚持"做中学、做中教"理实一体化教学模式，但在教学实施环节有的院校仍采用理论教学为主、实践为辅的教学方式，尤其在教育活动设计与指导中体现得更为明显。教学中理论教学以及活动设计的环节多是知识的传授，模拟课堂教学占用极少时间，不能实现所有学生都能进行实践的目的。重知识的掌握，轻实践教学，因而学习达不到预期的效果。

第四，实训设备及场地不足，影响学生实训实践。学前教育专业虽然一直在加强实训场地的建设，校内已经建立多个基础实训室，如学前教育实训中心及微格实训室，但常用的技能实训室仍然紧缺。有的院校没有设置美术教育活动实训室、教具制作实训室，无论是对于教师上课还是对于学生实践都造成了很大的困扰。有的院校中进行保育实训的幼儿保育实训室、幼儿园活动模拟室、母婴护理实训室等也均未设置。除了实训设施设备不完善，在教学过程中还存在教师忽视实训室作用的问题，本应在实训室进行的内容，换成普通教室，不仅减少了学生动手实践实训的机会，还使得学生的职业能力难以全面发展，不利于应用型人才的培养。

第五，教材使用不规范。目前学前教育专业的教材符合教材选择的标准，在教材使用上的问题主要有照搬教材内容、教材空置不用、校本教材利用率不高等问题。具体表现为教师使用教材时，没有结合专业特色剖析教材，不能很好地将其内化成具有本专业特色的教材。例如，呈现在学前教育专业课程教学中涉及其他专业的案例，教师未能将其转化成学前教育专业的案例进行讲解；有的院校费时费力开发一本校本教材，该教材收集了大量的幼儿园素材，实用性很强，但由于教材制作费用高、里面呈现的内容对学生来说"过于简单"等，使用率不高。

第六，校企合作不密切，院校和幼儿园之间缺乏深入联系。学校倡导校企合作机制，学前教育专业与当地的幼儿园建立了合作关系，但因各方面因素的影响，两者之间缺乏有效的沟通。幼儿园并不参与学校的课程设置，幼儿园管理者未根据自身的人才要求、丰富的教育管理经验，对课程设置提出切实的指导。各个院校按照自己的方式培养人才，学生的培养方向、课程的设置与幼儿园教师专业发展之间存在一定的差距，缺乏对市场要求的准确判断，导致学校的课程设置与幼儿园的要求脱节。院校与幼儿园缺乏相互推进的交流平台，口头的协议更是难以达成教学内容的统一，学生见习和实习的机会很少，不利于学前教育专业学生职业能力的培养。

五、课程体系设置不合理

学前教育专业课程体系中通识教育课程、专业技能课程设置不合理，也是学前教育专业课程设置中存在的问题之一。

通识教育课程是公共教育课程的模块之一，它起源于古希腊的"博雅教育"课程。在学前教育专业教学体系中，通识教育课程的地位十分重要，因为幼儿园教师不仅要具有能上岗就业的专业能力，而且还要具备良好的人文素养。例如，有的院校在专科阶段开设的通识教育课程包括思想道德修养与法律基础、毛泽东思想和中国特色社会主义理论体系概论、基础语文、基础数学、基础英语、公共体育等。其中，开设的思想道德修养与法律基础、毛泽东思想和中国特色社会主义理论体系概论，有利于学生了解我国的历史，有助于他们形成正确的人生观、世界观和价值观，有利于培育他们的爱国情。另外还开设了基础英语、基础数学等课程可以帮助学生更好地认识世界。但是通识教育课程应该还有职业素养类课程和自然类课程，否则，通识教育课程设置很难让学生具有全面的综合素养，限制了学生长远的发展。

专业技能课程内容设置脱离幼儿园教育实际需求。校企合作就是指学校与幼儿园之间建立的一种人才培养模式，学校充分利用幼儿园的资源，培养一批专业应用人才，以满足幼儿园发展的需要。这种合作模式实际上是双重的，学校与企业共同培养人才。但是从实际情况来看，独立办学依旧是学校的主要办学模式，有的学校虽然了解与幼儿园合作对学生发展的重要性，但受种种原因影响还是没有深入进行合作。有些学校虽然有附属的幼儿园和合作的幼儿园，双方关系比较融洽，每届学生都去此幼儿园实习，还会不定时邀请园长和优秀教师去给学生做讲座，但是仅保持在这样的合作程度，学校的课程设置、教学管理均是自己独立设置的，没有幼儿园的参与也没有根据幼儿园具体的需求设置，这会导致学校和幼儿园的合作不够深入，这种浅显的合作方式没有达到校企合作的目的，无法使学校和学生充分利用合作幼儿园的资源，也没有结合幼儿园的实际需求去培养出社会所需要的幼儿园教师。如果学生所学到的能力无法达到幼儿园的实践需求，那么学生的教育实践效果也会较差。

六、课程评价不系统

学前教育专业教师在进行课程评价时的方法"一元"化，主要采取的是纸笔测验的方式。这种评价方式多用于普通教育的课程评价当中，纸笔测验相对来说枯燥单调，使学生在心理上认为学前教育与其他专业没有区别，所以学习知识就是为了应付考试，这就导致学生学习知识的时间仅限于"考前冲刺"的几天，致使学生的基础知识掌握不牢靠，而且技能也没有得到发展。

教师主要采用总结性评价方式，用考试成绩衡量学生的学习情况，却没有关注学习过程中学生能力、态度、思维等方面发生的转变。此类评价模式既不能全面反映学生的学习情况、能力变化，也不能及时反映学习过程中出现的学习问题、教学问题，难以形成教学—评价—反思的学习循环。除此之外，评价主体也过于集中，主要是由专业课教师对学生所学课程进行评价，主观性较强，没有构成学生互评、专家评价的综合评价体系。

合理的课程评价才能有效地预设和生成课堂。一些学校重结果性评价，轻过程性评价。学前教育专业课程的联系非常密切，独立的考核方式容易出现偏科现象，无法展示学生对各学科知识的整合和综合运用能力。学科分割式的评价机制体现不出学生的真实水平，学生毕业进入工作岗位后往往出现技能发展不平衡、职业能力部分欠缺等现象。学校应鼓励建设多元化的教学质量评价体系，鼓励企业、学生和家长参与教学质量评价。

第三节　影响学前教育专业课程设置的因素

一、学前教育专业课程设置的宏观影响因素

宏观因素是学前教育专业课程生存与发展的大环境，也是其得以存在的土壤。学前教育专业课程设置的大环境主要包括教师教育课程改革的国际趋势，社会政治、经济、文化的制约，现代社会对幼儿园教师素质的要求等，这些因素虽然不直接作用于具体的课程设置，但却贯穿在课程设置的每一个环节，并对学前教育专业课程设置起着至关重要的作用。

（一）教师教育课程改革的国际趋势

随着全球基础教育改革的蓬勃开展，世界各国尤其是发达国家纷纷对教师教育改革给予了特别的关注，并把焦点放在了教师教育课程上，期望通过教师教育课程改革来提升教师培养的质量。审视发达国家教师教育课程变革的历程可以发现，这是一场涉及课程思想、课程理念、课程结构以及课程内容等诸多领域的深层次的变革。虽然各国采取的具体措施不尽相同，但还是呈现出一些共同的趋势，如实践导向的课程设置，模块化的课程机构，融合化的课程内容。

（二）社会政治、经济、文化的制约

要理解课程就必须将课程置于政治的、经济的以及文化的背景中来。一方面，课程作为实现教育目的的重要载体和媒介，必然要受到社会政治、经济和文化的影响；另一方面，学校课程也必须对社会的变迁和要求做出积极的回应，这一规律同样适用于学前教育专业课程的改革与发展。

　　社会政治对学前教育专业课程设置的影响和制约主要是通过制定相关院校教育或教师教育政策法规来实现的，这些政策法规的颁布实施为我国学前教师教育课程的变革提供了政策导向和法理支持。

　　社会经济体制的改革带来了社会思想的变革。随着社会主义市场经济体制的建立与完善，教育制度、教育思想以及教育内容等都发生了相应的变革，学前教育专业课程也不例外，学前教育专业不断完善课程结构与类型，强调各类课程的交叉与融合，以实现培养高素质人才的目标。市场经济体制中的竞争机制在教育领域中的引入，使得办学质量成为一个专业能否在激烈的市场竞争中得以生存发展的关键因素。

　　课程作为社会文化传承与创新的重要载体，其不可避免地深受文化传统的影响，并跟随社会文化的变迁而变迁。文化传统与学前教育专业课程设置关系密切。

（三）现代社会对幼儿园教师素质的要求

　　随着国家经济的发展以及科学教育观念的普及，越来越多的家长开始重视幼儿的早期教育问题，因此对幼儿园教师提出了更高的素质要求。国家在统筹规划学前教育发展的同时也多次强调幼儿师资队伍建设以及教师专业标准等问题。在教育部印发的《幼儿园教师专业标准（试行）》中就提出了师德为先、幼儿为本、能力为重、终身学习四大基本理念，从专业理念与师德、专业知识、专业能力三大维度、十四大领域分别对幼儿园教师专业能力标准做出了要求。幼儿园教师的培养质量很大程度上决定了学前教育的发展水平，而课程作为培养人才的主要途径，对幼儿园教师素质的提升起着重要作用。

　　现代社会对学前教育专业课程设置中教师的素质要求明确了幼儿园教师专业成长路径上各主体的责任和培养、发展的渠道。

　　①各级教育主管部门都要把《幼儿园教师专业标准（试行）》当作幼儿园教师队伍建设的基础依据。在教师教育改革、教师培养、幼儿园教师管理及权益保障等方面要发挥引领和导向作用。

　　②开展幼儿园教师教育的院校要将《幼儿园教师专业标准（试行）》作为幼儿园教师培养培训的基础。在人才培养、学科和专业建设、教育教学方式以及质量评估体系的建设等方面要主要参考《幼儿园教师专业标准（试行）》的规范和要求。

　　③幼儿园要将《幼儿园教师专业标准（试行）》作为教师管理的重要依据。在教师专业发展、教师职业道德与修养、教师岗位职责与考核评价等方面贯彻落

实《幼儿园教师专业标准（试行）》的要求。

④幼儿园教师要将《幼儿园教师专业标准（试行）》作为自身专业发展的基本依据，在教师专业发展、职业认同、保教实践中规范行为。

以上在价值导向和具体要求上非常全面、综合、科学地对幼儿园教师做出了规范。作为国家颁布实施的幼儿园教师专业标准，《幼儿园教师专业标准（试行）》不容置疑地应该作为学前教育专业人才培养的重要指南，各级教育行政部门在促进学前教育事业发展的过程中也应严格依据《幼儿园教师专业标准（试行）》的要求，将标准落到实处，通过有效途径促进幼儿园教师的成长与发展。

二、学前教育专业课程设置的中观影响因素

中观因素是指各个微观系统的相互关联，如家庭环境与工作环境之间的联系。只有各个微观系统之间存在着良性的关联，个人的发展才能达到最好，反之，就会产生负面影响。以下从教师教育的改革与发展、学前教育课程的改革与发展、国家发布的幼儿园教师政策等方面阐述中观因素对学前教育专业课程设置的影响。

（一）教师教育的改革与发展

长期以来，人们对于教师教育的两种属性——"学术性"和"师范性"孰重孰轻的问题一直存在争议。我国教师教育课程中存在重理论、轻实践的倾向，在课程设置和教师培养的理念中强调突出系统逻辑的理论知识学习，教师专业实践的比重过低，职业化的专业实践往往被边缘化，弱化了教师教育的"师范性"。我国的教师教育体系是先进行理论知识的学习，在此基础上将理论应用于实践。由此可得出，我国的教育专业实践是从属于理论课程的学习，遵循着一种"理念之应用"的价值取向。在认识到教师实践能力和素养的重要性以及当前存在的不足与滞后性时，国家采取了一系列措施，如新一轮的课程改革，来提升教师实践素养，并且制定了《教师教育课程标准（试行）》，其中涉及实习、见习等教育实践课程的规范。纵观国内外的教师教育实践和相关研究进展，教师实践的比重、地位在发生转变，教育实践的立场也应转向更加深度的实践与理论相结合的取向，从而弥补当前实践模式在反思性和情境性上的不足。

（二）学前教育课程的改革与发展

自我国设立学前教育机构以来，不同历史时期我国对学前教育课程的目标、

内容等都有相应的规定。国家对幼儿园教育的任务、内容等规范主要是通过制定相关政策法规来实现的。在我国，幼儿园教师职前教育课程的设置一直以来都与幼儿园教育活动内容的安排有着紧密的联系。不同历史时期学前教育专业课程的改革与发展必然影响到幼儿园教师培养和培训机构的课程设置。随着改革开放的推进，国家对学前教育的管理模式也日益开放，逐步采取了国家宏观管理和地方负责相结合的模式。在学前教育课程方面，国家只提供指导性思想和原则，更多强调调动地方积极性，鼓励地方因地制宜地发展多样化的学前教育课程。伴随着精彩纷呈的学前教育改革，学前教育专业课程也进行了相应的变革，如传统的幼儿园"六科教学法"被"幼儿园教育活动设计与指导"取代，幼儿园游戏、幼儿园班级管理等课程纷纷进入课程方案。《3—6岁儿童学习与发展指南》（以下简称《指南》）从健康、语言、社会、科学、艺术等领域对幼儿的学习与发展提出了合理期望，每个领域又按照幼儿学习与发展最基本、最重要的内容划分为若干方面。虽然《指南》并没有对学前课程做出直接规定，但其对幼儿园开展保教活动的指导价值和规范作用是不可忽视的，这无疑会带来学前课程以及教育教学的改革。从幼儿园教学来看，随着《指南》的颁布实施，五大领域的学科知识发生了重大的改变，各领域知识的整体结构和体系都在变化，再加上各领域学科教学知识的提出，教学理念、方法与手段也必然随之发生变化。这些变化终将体现在培养幼儿园教师的学前教育专业课程设置中。

（三）国家发布的幼儿园教师政策

进入21世纪，我国教师教育体制逐步实现了由"三级师范"向"二级师范"的战略调整，逐渐形成了多元、开放、灵活的教师教育体系。在这样的改革背景下，学前教育专业课程设置逐渐将培养目标调整为为各级各类保教机构培养师资。这就意味着，国家幼儿园教师政策的实施与调整必然会影响高校学前教育专业的课程设置。当前，影响较大的两大因素当数幼儿园教师资格制度改革和《幼儿园教师专业标准（试行）》的颁布实施。

幼儿园教师资格制度改革对于拓宽教师来源、提高幼儿园教师队伍质量具有重要的促进作用，同时也对幼儿园教师培养机构的教育教学改革形成了倒逼机制，对提高幼儿园教师的综合素质，尤其是提升幼儿园教师的保教能力具有重要意义。

《幼儿园教师专业标准（试行）》遵循教师培养和发展规律，以加强专业理想、专业基础、实践能力、反思与研究能力为核心，构建理论与实践相融合的课程体系，将专业理想教育与实践教学贯穿培养全过程；进一步完善人才培养方案，注重师德理念、人文素养、科学素养、信息素养、教育素养、艺体素养、科研素养等的协调与平衡，科学设置学前教师教育课程，改革教育教学方式，培养专业情意深厚、人文科学素养全面、具有保教一体化能力的幼儿园教师。

三、学前教育专业课程设置的微观影响因素

微观因素是一个人活动与交往的直接环境，这个环境是不断变化和发展的。随着个体的不断成长，微观因素包括个体所处的办学环境、师资队伍和学生等。

（一）办学环境的影响

办学环境有外部与内部之分，外部办学环境主要是指大的社会环境，包括国际环境和国内环境，如社会经济发展水平、政治体制以及社会文化等；内部办学环境是指院校自身所营造、拥有的小环境，主要包括办学传统、办学目标和办学条件。前者是后者产生的社会基础，后者是体现办学特色的重要平台。物质资源是学校办学的前提和基础。充足的办学经费和必备的教育教学设施设备是一所高校正常运转的必备前提。教学场所、实验室及科研仪器设施设备、图书资源等物质资源是各个院校维护正常的教学、生活秩序，保障教学质量和规格的基本前提，也是学校确立人才培养目标、设置课程的物质基础。

（二）师资队伍对课程设置起着关键性的作用

师资结构及专业发展水平对课程设置起着内在的、决定性的制约作用。教师队伍建设需要一个长期的过程。在各个院校核心竞争力指标体系中，师资队伍占有极其重要的地位。在信息技术高度发达的今天，虽然知识可以通过多种方式获取，但是，对学生来说，无论其是否已具备一定的学习方法和学习能力，教师的作用仍然是无法取代的。从学校的教育教学到管理工作，从课程设置到课程实施、课程评价等无不受到教师的影响和制约。

为适应学前教育事业快速发展的需要，我国培养幼儿园教师的院校已经涵盖专科、本科以及研究生等多个学历层次，在学校类型上包括了师范院校（包括部属师范大学、省属师范院校等）、综合性院校、高职高专、中职中专等，呈现出多元化的格局。

（三）学生是影响课程设置的重要因素

从课程设置的心理学依据来说，任何课程内容的选择和组织都必须考虑学生

已有的知识经验、学习风格、认知方式，以及他们的需要、兴趣、爱好等。学前教育专业课程设置也必须尊重学生在有关教学组织安排方面的发言权。学前教育专业必须开展多层次生源背景下的学前教师教育课程设置研究，依据需求导向、分类指导、协同创新、深度融合的原则设计学前教师教育课程体系，形成兼顾学生专业理念、专业知识及能力的全面而平衡的课程结构，以培养专业情意深厚、人文科学素养全面、具有保教一体化能力的高素质幼儿园教师。

在学前教育专业课程设置中，办学环境、师资队伍和学生三个层面的因素互相影响、相互制约，共同作用于学前教育专业课程的变革与发展。

第四章 学前教育专业课程设置的经验

在学前教育专业课程设置和专业定位方面，要结合国内外经验做好专业课程设置，开展全方位教育实践，深化学前教育专业课程设置的理论研究和实践教学，适应时代的发展需求，使得学前教育专业课程设置更加具有实践性和实用性，有利于课程目标的落实。本章分为学前教育专业课程设置的国外经验、学前教育专业课程设置的国内经验两部分。

第一节 学前教育专业课程设置的国外经验

一、美国学前教育专业课程设置的内容及特点

（一）美国学前教育及专业课程设置的内容

20 世纪 60 年代，美国在社会经济快速发展、贫富差距加大、出现教育及就业不公平现象的背景下开始对学前教育进行改革。1965 年，美国国会通过了一项涉及学前教育的法律，旨在通过对低收入家庭子女给予联邦政府及州政府投入资金为主的教育补贴，提高困难家庭的儿童的受教育水平，发展他们的各项能力，为其之后的学习、生活和工作提供更多的可能性，并以此来消除世代贫困，即"开端计划"。"开端计划"的模式是，由中央政府授权地方各类机构，包括公立、私立、非营利性与营利性机构，提供资金支持，设置具有一定自主权的计划执行标准，设立专门的监督审查小组，通过地区授权机构为该地区处境不利的儿童及其家庭（如贫困家庭）提供综合化、多样化的社会服务。美国"开端计划"的服务群体是随着时代的发展而逐步扩大的，一开始的"开端计划"只是为儿童提供暑假期间为期八周的服务，后来逐渐演变成为儿童提供九个月的兼读服务，并为移民、印第安原住民、阿拉斯加原住民等处境不利的儿童提供服务，1972 年"开端计划"的服务对象加入了特殊儿童，至 1994 年孕期妇女和 0—3 岁的幼儿也被

纳入"开端计划"。同时，美国以立法的形式保障了"开端计划"的顺利实施和儿童受教育的权利，先后通过了《儿童保育法》《开端法案》《不让一个儿童落后法案》等，出台的相关法律也反复强调了要保证困难儿童能享受平等的学前教育。

2013年，为了保证更多儿童获得优质的学前教育，美国提出了"全面普及学前教育计划"，该计划指出将以提高质量为目标，帮助所有收入低于贫困线两倍的家庭以及中等收入家庭中的4岁儿童获得优质的学前教育；联邦政府与所有50个州建立成本分担的伙伴关系，通过教育部向各州和地方教育机构拨付资金用于实施该计划，资金主要用于支持各州确保儿童参加高质量的课程、鼓励各州扩大全日制幼儿园，以及增加"开端计划"的投资。美国联邦政府对学前教育财政投入力度不断加大，力求不断缩小不同家庭和幼儿之间的差距，为所有儿童提供较为公平的教育起点。

"开端计划"以后，美国学前教育财政投入政策不断完善，经过几十年的发展，逐步形成了成熟的政策体系。从美国学前教育财政投入政策发展历程来看，其政策理念从补齐短板、追求学前教育公平，发展到提升质量、确保每一个儿童都做好入学准备；从美国学前教育财政投入政策工具来看，学前教育财政投入主要依靠学前教育项目，通过增加项目投入、创新项目拨款方式，形成了独具特色的学前教育财政投入机制；从政策角度来看，从"计划"的形式发展到专门的财政拨款法，美国学前教育财政投入政策保障体系逐步形成。从社会成效来看，美国学前教育财政投入政策的实施有效地促进了美国学前儿童、家长乃至整个教育体制的发展。政策的颁布，肯定了学前教育投资的意义，为儿童提供了良好的教育生存环境，促进了儿童全面健康发展，使更多儿童拥有了平等受教育的机会，促进了教育公平，打破了儿童及其家庭的代际传递，降低了儿童犯罪率，对社会稳定具有重要意义。政策的进一步完善，为整个教育体制的完善提供了法治保障，有利于美国学前教育质量的进一步提升。

美国主要采用的是"以实践为取向"的教师教育培养模式，这种模式着重于将实践环节贯穿于教师教育的各个阶段。同时为培养合格的幼儿园教师，全美幼儿教育协会（NAEYC）颁布了七条核心专业标准。基于该专业标准，美国阿拉巴马大学儿童早期教育教师培训课程设置采用"通才"+"专才"的模块，注重对幼儿进行全面观察和了解。通过案例研究、撰写课程教案、幼儿发展评价等课程作业锻炼学前教育专业学生的各项实践能力。通过"全程化"的课程实践任务设计实现学生理论知识与幼儿园教学实际的多方位融合。韦伯州立大学学前教育专业也严格执行 NAEYC 教师专业标准，根据专业标准的难度设置了层级式的选课方式，再针对单个课程进行精细化设置，使每门课程中的知识点对接 NAEYC 教师专业标准中的关键要素和观测点。最后毕业时完成整合化的顶点课程。整个培养过程以专业标准为核心，采取灵活、丰富多样的课程设计，实现了对学生核心能力的培养。美国各州和学院根据 NAEYC 制定的标准，因地制宜地培养幼儿园教师，授予副学士、学士或硕士的学位。它们设定不同的层级标准评估早期儿童教育专业的实习学生，以此为基础的教师专业标准对本专业的学生具有指导作用。阿拉斯加大学依照 NAEYC 的核心标准与关键因素，观察实习学生的表现，包括实习学生与学校社区的关系、课程设计和实施、实习学生与孩子的互动、教学策略、课堂管理等，再根据每个观察的维度给出合格或需进一步提高的评价，由此来考查实习学生的专业水平。

美国在学前教育专业课程内容方面提出过一个包括六个环节的课程结构：第一，人才选拔，简单理解即师资挑选；第二，丰富的知识体系；第三，开展专业课程培训活动；第四，改进教学方法；第五，开展实践教学活动；第六，为满足课程深化改革需求打下坚实基础。一个优秀的幼儿园教师在教学能力方面必须满足目标要求，而且能够熟练掌握教学内容，善于创新教学环境。结合幼儿心理特征，组织开展科学教学活动，在充分发挥不同教学方式的作用下，确保相关教学目标能够最终实现。学前教育专业课程设置科学与合理是培养优秀幼儿园教师的基本条件，在具体发展阶段内，需要对该部分工作进行深入探究。美国学前教育专业的课程设置一般分为基础课程、专业课程和选修课程三个模块。美国在学前教育教师培训方面，虽然在全国没有做统一的安排，但各个学院学前教育专业的培养方案大同小异。学前教育专业课程中的基础课程和专业课程所占学分比例较为接近。课程中除了一般的学前教育相关课程，还开设了特殊儿童教育的相关课程，这说明美国已经开始关注特殊儿童的教育，比较符合学前教育发展的世界趋势。

（二）美国学前教育专业课程设置的特点

美国学前教育专业课程设置具有以下几个特点：

1. 必修课少而选修课多

美国院校的学前教育专业课程中必修课的学分较少，而选修课在总课程中所占比例较大。学生可以根据自己的兴趣爱好选择学习的课程，因此，学生的学习兴趣较大，积极性较高。此外，美国的选修课设置得较为复杂，学生可以选择学校开设的任何一门选修课，所有课程是公开提供给所有学生的。也就是说，不同专业、不同年级的学生可以坐在同一个教室选修同一门课程。这种选课制度是以课程为单位而不是以班级为单位的，课程具有绝对的开放性。学生在学习选修课程时，可以接触到除本班同学以外的其他同学，从而开阔了视野，提高了人际交往能力。

2. 教育实践具体有效

从课程学分上看，美国学前教育专业课程总学分比我国约少三分之一，理论课程相对略少一些，但实践课程所占比例较大，其比较重视学生教育实践能力的培养。学前教育专业的教学实践设计有三种基本形式。

第一，特殊朋友制。学前教育专业学生要与幼儿园的某一幼儿结成一对一的特殊朋友关系。学生在与幼儿的日常交往中不仅可以观察幼儿的行为、了解幼儿的心理特征等，还可以更好地理解在学校所学的理论知识，提高实践能力。

第二，学生教师制。学前教育专业学生到幼儿园担任学生教师，走进幼儿园进行实地考察和教学实习。实习的时间约为每周五个半天，这种实习时间较长，而且是学生独立担当幼儿园教师，因此更能锻炼学生的实践能力和独立处理幼儿园事务的能力。

第三，志愿者制。学生参加一些慈善机构和社会服务组织，担当志愿者为社会服务。学前教育专业学生作为志愿者，到幼儿园担任幼儿园教师，义务进行幼儿教育工作。这种制度能充分培养学生的社会服务意识。

总的来说，美国学前教育专业课程中实践课程约占一半。这种将理论与实践密切联系的制度，更能培养适合社会需要的应用型人才。

3. 以论文考核为主的评价体系

美国学前教育专业课程评价主要以考核为主，通常包括小论文、期中考核和期终论文考核等，很少有课程会采取考试的形式，甚至一些专业理论课也只是采取论文考核的方式。这种评价体系摆脱了应试教育的思维束缚，更加注重对学生综合能力的培养。学前教育专业中的一些专业技能课程直接采用技能考核的形式，考查学生技能掌握的程度。一些理论课程通过论文形式进行考核，学生自主查阅相关资料，提出自己的某个观点并进行论述，学校既能考查学生的基础知识掌握程度，还能考查学生的课外阅读情况以及学生的问题意识。这种考核制度既减轻了学生的学习压力，又能大大提高学生的综合能力。

4. 延伸性阅读的学习内容

美国学前教育专业课程很少使用固定的教科书，教师一般都是给学生提供一些资料包，其中包括参考书、课程论文、阅读材料和相关话题等。学生不仅要完成这些阅读，还要根据相关的话题查阅资料，撰写课程论文。学生的阅读量相对较大，除了课程规定的基础性阅读，还增加了不少延伸性阅读。广泛的阅读使学生的问题意识增强，能独立地进行阅读材料分析，打下进行科学研究的基础。

5. 开设前沿课程

美国学前教育专业课程设置的分类除原有的一些学前教育专业基础课程之外，还加入了大量的前沿学科课程，如特殊儿童教育、残疾儿童和异常儿童教育、家庭困难儿童教育等。学前教育不只针对一般儿童，还包括一些特殊儿童，因此学前教育专业课程中还会增加此类课程来适应学前教育的实际情况。这种前沿学科课程的开设，涵盖范围更广，扩大了教育对象，更适合学前教育的发展趋势。

二、英国学前教育专业课程设置的内容及特点

（一）英国学前教育专业课程设置的内容

2000 年初，继美国尝试学前教育改制后，英国也发表了《每个孩子都重要：为了孩子而改变》的教育绿皮书。

英国从 2008 年起开始实施早期基础教育体系建设，关注儿童身心健康安全，强调儿童的学习和发展，旨在通过建立具有专业情感支持的师生关系、促进幼儿同学之间的互动、重视家长和社区参与学前教育等多项措施，让儿童在学前教育阶段能够拥有良好的心理环境，使其能够与环境积极互动，认识自我，学会人际交往，从而促进学前教育阶段儿童社会认知、社会交往和情感的发展。

英国学前教育专业有两种培养模式：一种是"4+0"模式，即学科专业学习与教师教育同时进行，另一种是"3+1"模式，即先获得专业学位再进行一年的教师教育学习。英国对于学前教育专业课程的设置，各学校略有不同。课程一般包括核心课程、专业课程、学科课程和学校体验四部分，先学习学科专业课程，后以核心课程和教育实践为主。例如，英国本科学前教育专业课程结构分为四个模块：第一个模块是由数学、英语、科学三门课程以及教学法等内容组成的核心课程研究；第二个模块是学生将根据自身兴趣或者爱好自主选择的一门学科作为主攻方向的学科研究；第三个模块是对教育的基本问题进行研究，包括课堂管理、教学设计等知识的专业研究；第四个模块是由教学实践组成的学校体验模式，包含见习、实习等。每个模块都有自己的重点，四个模块既相互关联，又优势互补，共同致力于培养高素质的学前教育专业教师。

（二）英国学前教育专业课程设置的特点

英国学前教育专业课程设置有以下几个特点：

1.重视教师职业技能培养

在日常教学中，教师的职业技能直接影响到教学活动的开展。长期以来，教师职业技能的缺乏成为制约教学质量的关键因素。英国就对此做出了具体的规定，明确教师应该掌握的职业技能，并附有相关的评价体系。学前教育专业也开设了教师职业技能课程，如掌握幼儿教育策略、提高幼儿学习兴趣等，一定程度上提高了学生的教学技能水平，促进了幼儿教育教学的发展。

2.开设现实性的研究课程

在保持原有学前教育课程的基础上，为了与社会发展相适应，英国院校开设了社会性较强的前沿学科课程，如多元文化与文化传承、国内外学前教育比较、特殊儿童教育等。通过专题讲座等多种形式，培养学生的创新意识和现代精神，以及教师专业发展的新理念。此外，还重视对学生的就业指导工作，开设职业生涯和就业指导等课程，注重可持续性发展。

3.教育实践周期长、形式多

英国比较重视教育实践，规定学生必须参加教育实习，并且至少在两所学校实习，学生有充足的时间进行教育实习，积累教学经验。此外，每个学期还有一般形式的学校体验，与各课程模块有机地结合起来，实践与理论相互渗透。例如，幼儿园管理这门课程包括理论与实践两部分，学生不仅要在学校学习该门课程的理论知识，还要到幼儿园实践，进行幼儿园管理工作，该门课程的成绩将由理论和实践两部分组成。这样一来，学生可以及时地将所学的理论知识与实践相结合，便于知识的转化和问题的发现。

英国高等院校根据既定的课程设置规划，制定详细具体的教育实习目标及对应的考核方式和考核标准，引导参加实习的学生有目的、有计划地将其所学应用到真实的教学情境中。这一过程强调教育实习目标和内容的多维性。教育实习放弃传统的、封闭的大学实习模式，实行开放的实习模式，走出去，和企业合作建立实习基地，实现教育实习过程的开放和实习管理的开放，形成大学、企业、政府等单位共同参与、共同合作发展的管理新格局，不断充实、丰富、拓展实习的内容，创新实习的形式，开展多维度、多层次、全方位的教育实践实习。

三、澳大利亚学前教育专业课程设置的内容及特点

（一）澳大利亚学前教育及专业课程设置的内容

澳大利亚的学前教育较为发达，早已建立了学前教育服务网，专为 8 岁以下儿童服务。这些服务机构的资金主要源于联邦政府和州政府，政府投入较大，幼儿园教师待遇较高，间接推动了学前教育专业的发展。澳大利亚各院校的学前教育专业课程虽然不一样，但都是以培养高素质的幼儿园教师为目标，内容一般包括幼儿发展、玩中学、社会文化差异、早期干预、管理领导能力和社区合作等方面。澳大利亚的学前教育师资队伍主要是经过三年专业教育培训后的学生组成的。其中，第一年的必修课程包括教育实践导论、教学策略等；第二年的必修课程包括儿童语言教育、社会教育等；第三年的必修课程包括儿童音乐教育、特殊儿童教育等。在三年的学习中，学生不仅要掌握各种教育理论和专业知识，还要在每学期到各种不同的学前教育机构去见习、实习。

（二）澳大利亚学前教育专业课程设置的特点

澳大利亚学前教育专业课程设置有以下几个特点：

1. 选修课程与学前教育专业紧密结合

澳大利亚学前教育专业的选修课程几乎都与幼儿教育问题相关，如幼儿音乐、幼儿数学和幼儿科技等。这些选修课程直接关系到教育的实际问题，可以使学生学到与幼儿密切相关的一些知识、方法和技能。这类选修课程与本专业课程联系起来，具有实际性和有效性，不仅丰富了学生的专业知识，还扩大了知识的范围。

2. 开设教育实践专项课程

澳大利亚的教育实践时间较长，包括见习和实习。学校针对教育实践开设了专门的课程，如教育策略、早期计划等。此类课程将教授学生一些教师职业技能和教学方法，帮助学生将所学的理论知识灵活地运用到实践中，使学生能更好地将理论与实践结合起来。教育见习也分散到几个学期完成，与理论课程同步进行，学生可以现学现用，丰富教学经验。

3. 课程内容的专业性和社会性

澳大利亚学前教育专业课程主要侧重于两方面的培养：一是语言和技能，二是社会关系处理。作为一名好的幼儿园教师，需要有良好的口语表达能力和专业技能，能有效地开展幼儿园教学，因此学校开设相关的课程来提高学生的语言和技能水平。除此之外，幼儿园教师还应有处理工作中各种关系的能力，如师生关

系、与家长的关系和幼儿园内部的关系等，开设幼儿园管理、幼儿家庭教育等课程就是为了实现这一目标。

四、其他国家的学前教育专业课程设置

（一）法国

在法国，幼儿教育是自由的、开放的，学生入学完全自愿并且是免费的。法国教育部重视五大学习领域：第一个领域是语言，旨在培养幼儿听、说、写方面的能力，探索语言的运用方式；第二个领域是体育，培养孩子的行动力、适应性和合作交流能力；第三个领域是艺术，包括美术、音乐和戏剧；第四个领域是数学，帮助孩子构建一种思维模式，探索数字的用途，包括图形、大小比较、序列等；第五个领域是科学，教孩子如何辨别时间和空间。

法国幼儿园根据不同的阶段划分年级。在幼儿园中，幼儿通过游戏来学习各种能力。法国规定幼儿园教育分为"小班、中班、大班"三个阶段，其中，由于小班和中班的学生年龄比较小，所以他们在教学活动中更多的是以做游戏的方式来进行事物的学习和认知。大班的学生年龄比较大，对其进行教育的内容是十分丰富的，如开设一些简单的课程为学生进入小学打下基础，常见的课程有书法课、写作课等，目的是锻炼幼儿的听、写能力。不同阶段的课程都是在考虑幼儿的学习能力以及个人情况后设定的。这几个阶段是彼此关联、相互协作、相互配合的。

针对身体有缺陷的残疾幼儿，法国宪法也明确规定他们同样可以到普通的学校接受教育。针对这些特殊的幼儿群体，部分学校为他们开设了特教班，另外还有一些学校则是让他们跟正常的幼儿一起学习。因此很多人认为法国教育具有公平性，尊重残障幼儿，尊重每一个生命个体。

（二）日本

日本的学前教育实行的是"双轨制"，分为"幼稚园"和"保育园"。幼稚园是针对学前幼儿进行教育的学前机构，只针对3—6岁的学生进行招生。保育园是对一些家人照看有困难的幼儿实施保育的机构，它面向的年龄阶段是从出生到6岁的孩子。幼稚园以教育为主，保育园以保育为主，两者分工明确，能够保障幼儿得到良好的关照与教育。日本非常注重幼儿园教师的岗前培训，教师要经过四年的大学教育才能上任。上任的教师还要不断进行学习交流和研修，不断地提升自身的能力和专业素养，不仅如此，工作了多年后的教师也要继续参加研修。

日本的学前教育专业学生在成为幼儿园教师之前，还要有必要的实习经验。

在学前教育专业课程设置中注重培养学生的营养搭配能力、自然游戏的组织能力、社区服务能力等。

五、国外经验对我国学前教育专业课程设置的启示

我们通过对以美国、英国、澳大利亚、法国、日本等国家为代表的学前教育专业课程设置的分析，发现国外对学前教育重视度高，采用全方位教育的方式对学生进行培养，在学前教育专业学生的培养方面，均从本国国情和社会需求出发，以促进儿童发展为核心，避免过分偏向专项技能，注重提高学前教育学生的学习反思以及教育实践能力，强调教育理论与教育实践相结合，注重培养学生的学习能力和解决问题的能力。国外学前教育专业课程设置的经验给予了我们一定的启示。

（一）实行开放选修制度

国外采取以课程为单位的授课制度，学生不论年级和专业，均可以选修全校任何课程。这样选修课程的班级中学生来源较为复杂，有各年级各专业的学生。在这种选课制度下，学生可以自由地选择自己喜欢的课程，更有兴趣和积极性，同时还可以接触到不同的同学，扩大交际面，易于培养学生的社会交往能力。相比国外的做法，我国则采取班级授课制，全部课程的学习都以班级为单位统一进行。甚至一些选修课也是由学校替学生选定的，一个班级统一授课，所以几乎所有的课程都是一个班一起学习，同学都不变。事实上，选修课程在一定程度上失去了其本身的意义，学生并没有真正的选修权利。这样一来，学生的学习积极性受到影响，对课程缺乏兴趣，而且固定班级的授课也使学生失去了一些同学交往的机会。因此，我们可以效仿国外的做法，实行开放式的选修制度，让学生依照自己的爱好跨专业、跨年级选择选修课程，真正实现以人为本、因材施教。

（二）提倡新式授课形式

国外的许多课程没有固定的教科书，只是由教师提供一些参考书目或提纲，学生自行搜集与课程有关的资料，然后进行归纳分析。上课时教师会要求学生就某个问题提出自己的论点以及支撑的论据。这样的授课方式以学生为主，培养学生的问题意识和自主能力，课程内容不拘泥于单一的课本，拓宽了学生的知识面。而我国的教学是与教科书紧密联系的，授课内容来自课本，考试范围源于课本，一切教学活动都是围绕课本而展开的。课堂以讲授为主，学生除了学习教科书上

的知识，很少接触到课外的内容，知识面相对较窄。这种授课形式不利于学生的综合知识学习，影响了学生的全面发展。因此，可以适当地改变授课形式，不单纯以书本为内容，多给学生一些独立思考的机会，扩大知识面，提高学生的自学能力。

（三）改变教育实践模式

国外比较重视教育实践活动，学前教育专业的教育实践在总课程中的比例较大。教育实践的常见形式是教育见习和实习，周期较长，其中，教育见习分散在几个学期完成。此外，还有志愿者实践活动，学前教育专业的学生可以参加一些慈善活动，或者到幼儿园做教师，不计报酬地教授幼儿。还有些课程本身就设有实践环节和理论讲授两部分，理论与实践交互进行。多种形式的教育实践使学生得到多方面锻炼，更好地将理论与实践联系起来，增加了教学经验。在我国学前教育专业的教育实践就比较单一，一般分为教育见习和教育实习，周期也较短，实践主要集中在某一个学期进行。学生先集中进行理论知识的学习，然后又集中进行实践，容易将理论与实践分离，出现分层的现象，不利于提高学生的实践能力。因此，我们应该将教育实践的时间延长，并渗透到课程中去，如将教育见习贯穿于整个学习过程中，并且增加其他形式的教育实践，与教育见习和实习相辅相成，共同提高学生的实践能力，丰富学生的教学经验。

（四）以幼儿身体发展为核心，合理设置学前教育专业课程

我国编制学前教育专业课程教材时应该根据学前儿童的身心特点，从问题出发，注重学前儿童的各项身体机能的发展，不断引导幼儿学会自主学习，在取得成绩时要不吝啬地给予鼓励，全方位地培育幼儿，使他们积极向上，乐观自信。同时要根据课程特点对学生进行特色化的教育。要关注每一个幼儿的身心成长，关注每一个幼儿的差异化，确保所有人都能参与到学前教育中。

（五）尊重学生个体的差异性，重视教育过程的平等性

在当今时代，每一个人都是社会中的一部分，在教学中，特别是对于一些心思比较敏感脆弱的学生来讲尊重更为重要。国家要采取相应措施，保障学生的发展，努力做到人人平等。只有通过实实在在的深耕细作，才能够让学生更好地成长。不同的国家有着不同的教育体制，但是相同的是都要对每一个学生给予尊重。学前教育专业课程设置的关键是解决观念的问题，借鉴尊重学生个体的差异性、重视教育过程的平等性的理念，为我们形成具有本土特色的理念奠定基础。

（六）深入了解实际需求，多种途径增加幼儿园教师的就业再培训机会

我国也非常重视幼儿园教师再培训教育，开设了很多地方性培训中心，聘请专家讲课，但理论居多，实践较少，脱离了一线幼儿园教师的实际需求。我们可以借鉴国际幼儿园教师培养经验，再结合我国实际制订更加合理的培养计划和方案。

（七）完善法律法规

完善学前教育相关的法律法规，使针对学前教育发展和改革的各项政策有法可依、有法可循，增强法律法规层面上的强制力。只有通过立法明确学前教育的重要性、性质、地位和作用，明确各级政府在学前教育上的职能职责，确定政府在学前教育公共服务体系建设中的主导地位，保障适龄儿童平等地接受学前教育的权利，确定各级政府对学前教育的财政投入，才能够促进学前教育事业普及、普惠、安全、优质发展，建设好学前教育可持续发展的长效机制，从而实现构建好学前教育公共服务体系的目标，最终提高全民素质。

（八）重视学前教育财政投入

21 世纪以来，我国对学前教育财政投入越来越重视，自 2018 年中共中央、国务院出台《关于学前教育深化改革规范发展的若干意见》将学前教育定位为普惠性教育后，国家进一步加大了学前教育财政投入力度，学前教育事业取得了巨大的进步，正向着实现更大的成就迈进。为了完善学前教育财政投入法律体系，要坚持以公平促发展的财政投入政策理念，要在政策中明确各级政府的财政投入责任，重视财政投入政策的成效评估机制建设，发挥其反馈与监督的作用。学前教育财政投入政策的建设是关系社会各个系统的大工程，其发展与完善要经过多年的努力。因此，在借鉴国外学前教育财政投入政策的经验之时，应始终坚持正确的态度，即取其精华，去其糟粕，坚持从我国国情出发，发展并完善学前教育财政投入政策，推进新时代学前教育事业高质量发展。

（九）改革考试考核制度

学前教育专业是学科理论与教育实践的综合，不仅要考查学生理论知识的掌握情况，还要考核学生的实际应用能力。国外学前教育专业中的许多课程并不是采用旧式的考试制度，而是通过论文考核或社会实践的方式来评定成绩。这种评价体系是对以往考试制度的改革，具有创新精神，考查了学生的综合能力。我国

的课程往往采用考试的方式来评定成绩，强调书本的理论知识，学生对考试也有抵触情绪。因此，我们需要改变这种应试教育的考试模式，使考核制度多样化。例如，幼儿音乐教育课程就可以采用学生试唱的实践方式进行考核，而幼儿教育史课程则可以采用撰写论文的形式考查学生对教育历史问题的观点和看法。学校依照课程的实际情况来选择考查方式，可以使考试制度多样化，从多方面对学生的能力进行考核。

（十）增开专业前沿课程

世界学前教育新的研究方向包括特殊儿童教育、儿童游戏教育、财政困难家庭的儿童教育等。为了适应学前教育的国际发展趋势，国外学前教育专业已经开设了相关的课程，以提高学前教育专业学生的就业率。我国在学前教育专业的前沿研究方面较为欠缺，专业课程还只是停留在原有的幼儿教育学、幼儿心理学等课程上。针对学前教育群体的复杂性，各个院校学前教育专业的课程也应该进行相应的调整。因此，学校应增开一些专业前沿课程，扩大学生的知识面，培养学生的前沿意识，以应对未来教育工作中的种种问题。

第二节　学前教育专业课程设置的国内经验

一、学前教育专业课程设置的理念

对于学前教育专业课程设置的理念已形成了以下三种认识。

（一）坚持爱的理念进行学前教育专业课程设置

我国学前教育专业课程应树立以爱为基础的理念，强调沟通交往能力、创造能力等的培养。在这种理念的指引下，要促进教学方法的不断丰富，使学生的自主学习与反思能力获得较大程度的发展。将教育实践体验融入理论学习中，提升学生的实践能力，加深其对理论知识的理解；开设各类丰富有趣的课程，开阔学生视野，培养学生的多元能力。

（二）坚持融合理念进行学前教育专业课程设置

融合理念是一种涉及多主体的价值取向，遵循的是辩证、整体的思维方式。基于这一理念，从政府、学校与社会融合的角度对学前教育专业课程设置提出要求，强调培养幼儿园教师的融合教育素养。

（三）坚持实践理念进行学前教育专业课程设置

从重视实践理念的角度出发，在学前教育专业课程设置上，坚持从实践出发，要求所设置的学前教育课程必须具备实践意识。为适应社会对学前教育高素质师资的需求，学前教育专业本科课程设置应以教育部颁布的《教师教育课程标准（试行）》和《幼儿园教师专业标准（试行）》为指导，从学术理性取向和艺术取向转型为实践取向。实践理念对学前教育专业课程设置的影响最大。

二、学前教育专业课程设置的依据

国内学前教育专业课程设置的依据与原则要结合国内的幼儿教育的实际情况，各学校及教育部门应以《幼儿园教育指导纲要（试行）》（以下简称《纲要》）和《3—6岁儿童学习与发展指南》（以下简称《指南》）为指导文件进行学前教育课程设置。学前教育专业培养幼教师资，其课程设置是一脉相承、相互对应的。《指南》将儿童分为3—4岁、4—5岁、5—6岁三个年龄段，从不同的角度指出各年龄段末期要达到的发展状况，为幼儿不同年龄阶段的学习和发展指明具体方向，并为幼儿园教师的教学提供详细的课程实施指导和相应的教学建议。《纲要》和《指南》都具体地为学前教育课程安排提供了科学的参考依据。

学前教育专业课程设置应坚持与时俱进，适应时代发展；应坚持教师专业化，顺应教师发展的要求与趋势；应坚持课程设置模块化、微型化；应坚持因校制宜，突出学校的教学特色；应注重实践，增加实践教学的课时。

三、学前教育专业课程目标设置

（一）强调对学生专业知识和技能的培养

学前教育专业的主要目标是培养学生具备学前教育专业知识，以及从事学前教育工作和组织教育活动的能力。新时代促进学前教育专业人才培养，不仅是建构高质量学前教育标准体系的应有之义，也是提升学生综合能力的必然选择。可以说，这是学前教育专业课程目标制定的基础。

（二）强调对幼儿身心发展的重视

我国学前教育应该把幼儿的身心健康作为第一目标。在学前教育专业目标设置上，注重幼儿的健康发展。幼儿园教师的素质、能力等存在参差不齐的情况，再加上相关管理机构缺乏对于幼儿园教师培养水平的评估，导致幼儿园教师的培养质量出现水平不均衡的情况，这也是在目标设置中不能忽视的。

四、学前教育专业课程内容设置

学前教育专业课程的内容安排符合知识论规律，学前教育专业课程的内容要能够反映学科主要知识、主要方法论及时代发展的要求。具体来说，要求学前教育专业各门课程之间的结构合理，这包括理顺学前教育计划、学前教育方案、学前教育标准，以及通过理论教育和实践教育提高学生的知识水平和能力。

专业课程和实践课程都是学生的必修课程。从课程结构来看，学前教育专业课程的内容往往兼顾理论课程、技能课程与实践课程。

五、学前教育专业课程实施

（一）学前教育专业课程实施的方式

从学前教育专业课程实施的实际情况来看，在实施上重视社会发展需要和学科自身的逻辑。对于同一门课程，不同的学生存在着学习进度的差异，通过弹性的方式分成不同的班级小组，采取不同的教学方法，更好地鼓励学生学习，实现最终的教学目标，让每名学生在综合能力上得以提高。各院校应转变课程设置观念；加强专业基础课程的教学，不断改革、完善教学方法；明确人才培养目标；增加必要的文化基础课；改革实践教学，加强实验实训基地建设；积极开发隐性课程。

（二）学前教育专业课程的实施现状

现阶段我国学前教育课程实施的主要问题是课程理论与实践之间存在一定程度的脱节。课程内容结构单一，缺乏灵活性，不能很好地适应我国社会主义市场经济的要求；课程计划的设计缺乏科学合理的参考标准；课时比例不平衡；学期之间、学年之间的课程衔接断裂；缺乏实训、学前教育政策法规等课程。

此外，有些教师对于实际教学场地、教学环境的认识并不够，在备课期间，常常参照以往的案例进行备课，很少身临其境地去体验课堂环境，对于教案并没有做到深入的理解，影响了学前教育专业课程的实施。

六、学前教育专业课程评价

各高校应定期评价课程体系的合理性和课程目标的达成度，并能够根据评价结果进行修订。

（一）学前教育专业课程评价的原则

学前教育专业课程的评价要遵循评价体系建立的原则：第一，确定关于课程的评价标准，以学前教育专业学生的发展为主要目的；第二，评价内容的确立，从课程的教授过程、学前教育专业学生的参与情况以及参与结果中确定评价的主要对象；第三，评价学前教育专业课程的实施效果，对学前教育专业课程采取多种评价手段，主要针对内容的多样性、主体的差异性以及标准的适宜度等。这些原则构成了学前教育专业课程设置的基本点。

（二）学前教育专业课程评价的开展

在学前教育专业课程的评价上，课程实践要以幼儿为中心，课程的存在本身就是为了幼儿的发展；注重活动情境的选择与创建，坚决实行可行且有益的学前教育课程。这一视角是对评价进行的理论反思，对学前教育专业课程设置起到了重要作用。学前教育专业课程评价的具体方法有绝对评价法、相对评价法、个体内差异评价法等。绝对评价法是指在评价对象的集合以外确定一个客观标准，将评价对象与这一客观标准相比较，以判断其达到程度的评价方法。相对评价法是指从评价对象集合中选取一个或若干个对象作为基准，将余者与基准做比较，排出名次、比较优劣的评价方法。相对评价法便于学生在相互比较中判断自己的位置，激发学生的竞争意识。个体内差异评价法是以评价对象自身状况为基准，对评价对象进行价值判断的评价方法。在这种方法中，评价对象只与自身状况进行比较，包括自身现在成绩同过去成绩的比较以及自身不同侧面的比较。随着对课程本质的不断研究，与课程相关的其他研究，如课程开发、课程实施、课程评价等也得到了人们的关注。学前教育专业课程能满足学生综合素质能力发展的要求，通过舞蹈、游戏等课程，学生能够获得组织开展幼儿体育活动的知识与能力。

第五章　学前教育专业课程设置的过程

学前教育是国民教育体系的伊始，担负着重要使命。高质量幼儿园教师的培养是实现高质量学前教育的基础，当前环境下，幼儿园教师培养的主阵地归属于学前教育专业，其课程设置直接决定教师培养质量。从一定意义上来说，课程质量关乎教育质量，因此，优化学前教育专业课程设置的过程尤为重要。本章分为学前教育专业课程目标的确立、学前教育专业课程内容的选择、学前教育专业课程结构的优化、学前教育专业课程体系的构建、学前教育专业课程评价的改革五部分。

第一节　学前教育专业课程目标的确立

一、明确学前教育专业的培养目标

（一）幼儿园教师的相关要求

学前教育专业主要以培养学前教育行业的专业人才为目标。在明确幼儿园教师职业要求的基础上确定培养目标，可以使学前教育专业的培养方向更加明确，更加具有针对性。

（二）学生的整体水平

在制定培养目标时，不能过于盲目，应该考虑到学生的整体水平，根据实际情况为这些在学习上有困难的学生找到更好的发展方向。

（三）学生的长远发展

随着社会的发展，很多学前教育专业的学生都对提升自己的学历有一定的意愿，如专科生有意向考取本科，本科生有意向考取研究生。因此，学校在制定培养目标时要综合考虑这部分学生的需求，为他们以后的长远发展提供更多的可能。

二、细化学前教育专业的培养要求

培养目标是总方针，是用简练的语言对"培养什么样的人"的总括性规划。培养要求则是对培养目标的详细说明，是课程目标、结构、内容和实施各个环节的行动准则。因此，学前教育专业培养要求的表述需以微观、详细的方式呈现，不仅要考虑到培养目标的方方面面，还应能从细则中体现院校的培养特色，每一项细则都应具有可评判的实操性。

三、树立正确的学前教育专业教学理念

（一）课程观

课程的指导理念是课程设置的重要标准，所有课程设置的环节都是围绕课程的指导理念展开的。通过分析目前的课程设置，可以看出，当前各学校学前教育专业课程大多集中于理论方面，然而幼儿园教师行业的具体标准及技能的要求对学前教育专业的学生提出了更多实践能力方面的要求。因此，要根据实际的需求确立恰当的指导理念，以培养学生的专业技能为目标进行课程设置，使相关课程更加有利于培养学生的实践能力。

（二）教学观

教育者的教育理论对于课程的推行和实施有着至关重要的作用。目前学前教育专业的教学主要以知识传授为主，教师也习惯了以课本为主进行教学，而忽略了对学生实际操作能力的培养。

教育的发展对幼儿园教师提出了更高的要求，因此学校必须转变观念，关注学生的实际动手能力，这就要求改变教师的教育观和职业观，注重对学生实际能力的培养。这将为学生树立一个正确的职业观，有利于该专业毕业生更好、更快地融入学前教育工作之中。

（三）职业观

学校应该在课程设置中关注对学生职业观的培养，让学生在学习过程中对自己未来可能会从事的行业有一定的了解，从而更好地实现自己的职业规划。此外，提升学生的职业幸福感也至关重要，在每一门课程的教学中都要贯穿人文精神的培养。学生只有真正变得越来越爱孩子，对未来将要从事的工作充满向往，才会在将来的工作中真正关心孩子、爱护孩子，体会到和孩子在一起的快乐，从孩子点点滴滴的进步中收获喜悦。

第二节　学前教育专业课程内容的选择

一、强调课程内容的全面性

在中小学的教育教学中，每一门课程都有专门负责的教师，也就是人们常说的"专人专科"。幼儿园教师的安排则与此不同，一名幼儿园教师需要负责整个班的全科教学。在幼儿园教育活动组织中，幼儿园教师常常需要运用各类不同的知识，在同幼儿交流互动时面对的情境也不会仅仅局限于某一特定学科。因此，幼儿园教师在知识储备的广度上必须较为丰富。作为幼儿园教师职前培养的主要阵地，在教育课程内容的选择上，多数高师院校极少设置高等数学、统计学等课程，对教育哲学、教育法学、安全教育类课程的关注度也明显不足，可见高校课程内容的选择综合性不足，需要加强。

（一）增加通识教育课程，拓宽学生知识面

学前教育工作的教育对象是幼儿，幼儿园教师要注意激发和保护幼儿的求知欲。教师要鼓励和引导幼儿大胆地提问，并且要耐心地解答幼儿提出的各类问题，切不可回避幼儿的提问，也不能因为回答不出幼儿的问题就恼羞成怒地斥责他们，或勒令他们停止提问。这会严重地伤害幼儿的内心，挫伤他们的求知欲和探索欲。

幼儿园教师还应该将日常生活中经常出现的、有趣的现象，以幼儿听得懂的语言进行科学的解释，因此，掌握一定的自然科学、社会科学以及人文科学方面的知识就显得尤为重要。学校应该适当增加语言、历史、数学和应用科学等基础学科的教学时数，以丰富和扩展学生的知识面，拓宽学生的眼界，从而培养和提升他们的文化和科学素养。

（二）增加专业理论科目

理论知识的学习是专业技能学习的基础。学习专业理论知识可以提高学生的理论素养，有助于培养幼儿园教师的研究能力、反思能力和终身发展的能力。一名优秀的幼儿园教师不仅要熟练掌握各种教学技能，还要具备一定的理论水平，所以学前教育专业的教学不仅要重视对学生专业技能的培养，对其相关教育理论的学习也不可忽视。学校可以适当地增设一些专业理论课程，如增设家庭教育指

导、幼儿园环境创设、幼儿园游戏、幼儿园班级管理等课程。

（三）将思政元素与专业课程有机融通

课程思政旨在将理想信念、价值追求、家国情怀等思想政治教育元素有机融通于各门课程，实现"春风化雨，润物无声"的教育功效，促使学生在与课程环境的交互作用中实现自我思想意识与行为、情感的协调。德育元素和思想政治教育因子应恰到好处地融通于专业课程之中。

一方面，学前教育专业教师应根据人才培养目标，结合不同课程的属性、特色，加强师德教育，恰到好处地将理想信念、社会公德、和谐友善等社会主流价值观有机融通于各门课程中，使学生更加清楚未来的职业理想和发展规划，主动将"对家国的挚爱""对教育的热爱""对幼儿的关爱"有机融通为一个整体，促使广大学子成为具备良好道德素养、远大理想信念、广博知识技能和无私仁爱初心的优秀幼儿园教师，从而切实提高人才培养质量。

另一方面，学前教育专业教师应持续深度挖掘日常课程教学中的思想政治教育元素，在思想引领、知识传授、技能培育等方面实现领先式发展，引导学生在岗位实践中自觉践行爱国主义、理想信念、社会主义核心价值观，实现"三全育人"（全员育人、全程育人、全方位育人）新格局，培育一大批高质量的学前教育高技能人才。

二、体现课程内容的独立性

每一门课程所涉及的课程内容都应该具有一定的独立性，不同课程之间应该具有内在的联系，而不是直观内容上的交叉重复。部分院校在课程内容的选择上，存在交叉重复的现象，如"中外教育史"与"中外学前教育史"，"普通心理学"与"学前儿童心理学"等课程。事实上应该有效避免这类情况的出现。合理的科学体系的建立需要增强课程间的整合度，规避不同课程的重合交叉问题。不同课程内容各自独立，对于学生来说，能够提升学习效率，充盈课余时间，便于学习涉猎其他资料，主动探求不同学习领域、培育反思科研能力，提升对本专业所学内容的认同感。

三、体现课程内容的时代性

一般来讲，课程内容具有相对稳定性和一定的滞后性，但是以往那种课程、教学方式多年不变的时代已经走远了。知识的更新换代越来越快，众多专家学者对学前教育专业的研究成果也在不断丰富与更新。再加上现代社会的变化是日新月异的，学生正处在一个不断变化的社会环境中，信息技术手段的更新发展在教育领域中的作用越来越突出。所以，在学前教育专业课程设置中要充分运用现代信息技术手段，不断学习前沿的课程内容，从而更好地体现学前教育专业课程内容的时代性。

四、注重课程内容的实用性

当前，高校学前教育专业的发展面临两个实际情况：一是学生的主要培养方向是一线幼儿园教师；二是教师资格考试改革，实行全国统考。学生在现实社会中面临着各类相关考试，这就对高校学前教育专业的课程设置提出了实用性要求。课程内容既要面向幼儿教育工作的实际，具有一定的实用性，同时也要与学生将要面临的各类考试接轨，更好地实现课证对接。

五、注重课程内容的科学性

（一）将专业理论与幼儿园教学实践相结合

专业理论课因知识点多、学科逻辑性强、内容枯燥，一直难以引起学生的兴趣，加之部分学校教师选择的教学内容难度大、上课方式单一，填鸭式的教学方式导致学生只能被动接受理论知识且难以消化。除此之外，如果学校过于偏重专业技能课，也会使学生忽视对专业理论知识的学习。

专业理论知识是学生毕业后开展教育活动的基础，可以帮助学生在工作中发现问题、解决问题。同时，学生熟悉和掌握专业理论知识，可以提高科研能力以及实践教学反思能力，更好地走上专业化发展道路。针对专业理论课出现的问题，改革措施应考虑课程的定位、生源水平、教师教学水平等因素。

首先，正视专业理论课的重要性，做到够用、实用。学前教育专业虽然以培养应用技能型人才为目标，但并不意味着可以忽视理论知识，相反，学生理论知识扎实才能在专业上走得更远。

其次，分析学生特点，适当降低理论课学习难度。教师要充分考虑学生的学习特点，因材施教，改变传统的接受式学习理念。可采用小组讨论、专题学习、研究报告、从实践中寻找理论支撑等方式加强学生的专业理论知识积累，用生动、灵活的课程内容提升学生的学习兴趣。

最后，进行课程改革。教师要注意提升学生的参与度，以学生为中心，通过引入案例研究帮助学生掌握在实际情境中发现问题、分析问题、解决问题的能力。

教师是课程的组织者、实施者，在一定程度上决定着课程的质量，为保证学生培养质量，教师应积极投身课程改革，激发课程活力。

（二）明确艺术技能课程的定位

很多院校的学前教育专业在发展方向上一直面临两个问题：一是教学偏学科化、理论化，专业技能薄弱；二是过分强调艺术技能的专业化培养。

幼儿教育阶段是幼儿塑造身心的关键时期。幼儿生性活泼，对周围的新鲜事物充满好奇，热爱舞蹈、音乐、绘画等活动，所以幼儿园中许多活动都依托韵律、儿歌、手工、绘画等形式进行组织。

幼儿园教师要具有相应的艺术欣赏与表现能力。美育对幼儿发展至关重要，熟练掌握艺术技能、具备相关艺术素养已成为一名合格幼儿园教师的职业标准，但过于追求艺术技能的精细化发展，便会偏离艺术技能的实际用途。因此，要明确艺术技能的定位以及服务面向，将艺术技能学习同幼儿园课程活动相结合，按照幼儿园工作岗位要求实施课程教学。

除此之外，保育技能的提高也应处于重要地位。保教结合是学前教育工作的基本特征，《幼儿园教师专业标准（试行）》和《学前教育专业师范生教师职业能力标准（试行）》中都强调幼儿园教师应具备相关的保育能力，如掌握科学照料幼儿日常生活的基本方法，了解幼儿日常卫生保健、传染病预防和意外伤害事故处理的相关知识，掌握面临特殊事件时保护幼儿的基本方法等。保育能力的提高需要理论与实践相结合，但部分院校学前卫生学这个科目的授课教师学科背景单一，大多毕业于教育学专业、学前教育专业或心理学专业，不具备医学、生物学、营养学等学科背景。因此，教师上课常采用传统理论课教学方式，只讲授理论知识，缺乏将实践操作类知识与幼儿实际情况相结合，进行生动、细致讲解的经验。加之学校未设置保育实践课时和保育实训室，就导致学生保育实践能力难以提高，在实习时或正式步入岗位时一筹莫展。为了提高学生的保育实践能力，学校应从培养教师队伍、增加保育课程实践课时、配备相关实训设备等方面入手。

（三）选择满足学生需求的内容

学生的需求既指学生通过对于学前教育专业的正确认知所产生的自身学习需求，也指社会和专业发展对学生成长所提出的具体要求。根据要求不断完善的改革类教学内容也应当增加实践类、视野拓宽类内容。例如，在教学幼儿园卫生相关知识时应当利用虚拟现实技术或交互技术，让学生以幼儿园教师的身份参与到幼儿园安全或意外事故的处理之中，将所学知识运用于个人实践中，在真实的体验场景中，观察问题、分析问题、处理问题，提升灵活应变能力和团队合作能力。

同时，各院校也应当针对新时代学前教育专业发展的趋势，不断地引入一些优秀的教育案例，拓宽学前教育专业学生的知识视野。例如，给学生展示具体的安吉游戏。安吉游戏是一种特殊的游戏模式，是我国本土化游戏课程的优秀范例。该游戏模式对原有的游戏教学形式进行了优化与创新，发挥出了自然环境中蕴含的教育优势，更适宜幼儿的身心发展特点，能让幼儿在自主游戏、自由交往的过程中获得更多有益于身心成长的经验，真正地成为游戏活动的主人。其对幼儿园教育质量的提升起着非常积极的作用。

六、注重课程内容的适应性

（一）应用现代信息技术

应用数字化教学平台，更新教学资源。借助互动性强的"智慧职教""学堂在线""智慧树""超星慕课"等国内知名慕课平台，以及"湖北教师教育网络联盟"等网络学习平台，依托学校已有的信息中心、国培计划等平台，整合微格教室、网络多媒体教室以及学科教学资源网等教师信息化实训平台，开发沉浸式、交互式"云课堂"。

（二）符合学生学习特点

在各种先进的教育理念的指导下，学前教育专业设置的课程科目越来越丰富，但是有些学生认为有的科目是没有意义的。一方面，学生本身的学习能力导致他们很难理解某些内容，因此这些科目的学习对他们来说是没有意义的；另一方面，一些教师的教学方式和教学水平导致学生不能很好地理解并掌握某些课程内容。因此，在选择课程内容时，要根据学生的实际能力，选择他们能够理解的、与他们水平相当的学习内容。同时，教师也应该充分挖掘每门课程的作用，选择恰当的教学方法，帮助学生更好地理解学前教育专业课程的内容。

第三节　学前教育专业课程结构的优化

一、重视课程结构的合理性

学前教育专业课程结构从不同角度思考有不同的划分方式，首先需要关注的就是专业知识和能力分别占据的课程比例是否合理。只有两者合理占比，才能高效实现学生知识与能力培养齐头并进的目标。学前教育专业学生只有扎实掌握了专业知识，才能继续下一步学习进程，有了理论的储备才能促进相关能力的发展。专业能力则是学前教育专业学生个人素质的直观体现，各项专业技能的展示，教育教学课程的组织与实施，与幼儿、同事和家长的沟通能力等都属于专业能力的范畴。必修课与选修课结构安排的合理性也需引起注意。必修课程较为统一，是培养学前教育教师的基础；选修课程自主性较强，为学生个性发展提供空间。目前的必修与选修课程设置上，必修课程在总学分中所占比例远高于选修课程。因此，需要适当提高选修课程的学分占比，满足不同学生出于其个性发展的自主选择。

值得注意的是，不能过分地提高选修课程的比例，因为学生自身对于知识获取的顺序性、全面性缺乏科学认识，如若放任学生仅依靠兴趣选择课程，易导致所选课程科学性不足，学生从中获取的知识零散无逻辑，无法深刻体会到知识的系统性和全面性，难以适应今后的教育教学工作。

（一）丰富公共基础课程，提升学生文化素养

根据国家政策及用人单位的实际需求，学校应增加思想政治和数学课程作为公共基础必修课程，同时可以开设自然科学相关课程或地方特色课程作为公共基础选修课程。开设思想政治课程可以提升幼儿园教师职前的政治素养；开设数学课程可以锻炼幼儿园教师职前的思维能力，使其有更强的工作创新能力；开设自然科学相关课程或地方特色课程可以提升幼儿园教师职前的知识素养。

（二）调整专业理论课程，加强学生理论素养

全面扎实的专业理论素养是保证高水平专业能力的前提。部分学校开设的专业理论课程不够全面，不足以为学生今后从事保教工作提供良好的理论指导。为此，学校应调整所开设的专业理论课程。

首先，适当删减幼儿园教育活动设计课程，将细分的五大领域教育活动设计统合为一门幼儿园教育活动设计课程，每周两课时，开设时间为一学年，共计八十个课时。

其次，增加学前儿童卫生保健、学前儿童发展心理学两门课程的课时数，每周各四课时，开设时间为一学年；增设0—3岁婴幼儿抚育与教育、幼儿园保育理论课程，每周各四课时，开设时间为一学年。

（三）调整专业技能课程，提升学生的实践操作能力

声乐、乐理与视唱、钢琴基础及幼儿歌曲即兴伴奏与弹唱四门课程统一整合为音乐一门课程，每周两个课时，开设时间为两学年；舞蹈课程由原来每周四课时改为每周两课时，开设时间为两学年；绘画与手工两门课程整合为美术一门课程，开设时间为两学年，并在第五学期开设手工选修课程。增设保育专业技能课程，具体为：第二学期开设婴幼儿常见疾病的预防及观察处理和婴幼儿营养基础与膳食管理两门课程，每周各四课时；第三学期开设意外伤害处理课程，每周四课时；第五学期开设幼儿行为观察与指导课程，每周四课时。通过以上课程的调整以期提高学前教育专业学生的实践操作能力，从而更好地适应岗位需求。

（四）灵活设置实践课程，深化理论与实践的结合

首先需要明确的是，实践课程是课程的重要组成部分，主要目的是帮助学生将所学的理论知识与教学实践结合起来，适应幼儿园教师的角色，有利于学生毕业后适应工作环境，从而更好地开展幼儿园工作。学校应科学、灵活地安排实践课程，打破原有的于第三学年进行集中式实习的形式，循序渐进地安排实践课程，保证实践课程能达到良好的教育效果，以满足学生毕业后的工作需要。根据学生的学习能力以及课程的整体安排，可以在第一学期安排三天时间进行职业认知见习，使学生初步了解职业环境和幼儿园教师岗位的常规工作；第二学期可以安排一至两周时间进行初次见习，结合幼儿园工作实际，深入了解第一学年开设的专业理论课程在幼儿园工作中的运用，使得理论学习与实践充分结合；第三学期可以安排为期两周时间的教育见习，让学生在初步了解幼儿园教师工作的基础上，再初步了解幼儿园一日教学活动的开展；第四学期可以安排三至四周时间进行见习，协助幼儿园教师完成保教工作；第五学期可以安排一至两个月时间进行综合见习，尝试以幼儿园教师的身份独立承担幼儿园的教育工作。

其次，应适当压缩部分专业课的课时。如琴法、美术等课程，每学期都开课且每周的课时数都比较多，因课时量大，学生课后很少进行练习巩固和强化学习。因此要优化课程结构，进一步优化专业核心课程的学时安排，如活动设计与实践、卫生学等课程。学前教育专业课程涵盖三大模块的内容，这三大模块的设置反映了学前教育专业培养学生综合文化素养、专业技能以及综合职业能力等三大方面的要求。其中，实践课程利用真实的幼儿园环境检验学生的综合素养和专业技能，并及时反馈和反思，完善课程设置和课程实施。实践课程作用非常大，可以帮助检验基础课和技能课的学习情况，因此，要加大实践课程的比重。不仅如此，实

践课程还应渗透到整个学习过程中，这样一方面能做到对专业知识、职业技能的及时巩固，并能验证教学成果；另一方面能同步幼儿园教学活动中的其他模块的教学，逐级调整课程的先后顺序，在时间、内容选择上同步课程教学与实践活动，达到理论联系实践，知识与技能相互促进和补充，从而有利于学生能力的培养，达到"在做中学"的效果。

（五）开设选修课程，促进学生个性发展

选修课是必修课的补充和延伸。选修课的选择要立足于幼儿园教师的专业素养和学生的实际情况。各学校可开设丰富多彩的选修课程，将选修课程的开设学科细化为专题或主题，安排专业人员组织实施。如解读保育员工作手册、家庭教育指导、儿童玩教具制作等兼具专业性和实用性的选修课程，可以补充学生专业学习上的漏洞和不足。为了能更好地服务学生，可以在学校里组织技能类的比赛并颁发合格证书，鼓励学生多参加校级以上的技能等级考试和技能大赛，"以赛促学"，促使学生的现有专业技能向更高水平发展。

选修课程的开设需要结合学生的兴趣和需要，高效利用时间和现有的教学资源，为学生的全面发展提供更多的机会。调查可知，部分学校学前教育专业并未开设选修课程，每周一至周四下午的第七节课虽然已安排课程，但却是以学生教室自习为主。学校可以利用这一时间开展选修课程的教学。在公共选修课程上，可以开设礼节礼仪、公共艺术、中华传统优秀文化以及现代教育技术应用等课程。开设礼节礼仪选修课程有利于帮助学生树立良好的教育工作者形象，使他们成为幼儿的榜样。开设公共艺术选修课程可以丰富学生的艺术基础知识，提高他们的艺术欣赏水平，促进其人格的健全发展，还可以为音乐、舞蹈和绘画技能的学习提供辅助。

开设中华优秀传统文化选修课程有利于提高学生的思想道德修养，也有利于中华优秀传统文化的传承和发扬。开设现代教育技术应用选修课程有利于帮助学生提高学习和工作的效率，促进专业发展。在专业选修课程上，可以开设幼儿园班级管理、幼儿家庭教育等课程，使学生具备更加完善的工作能力，提升其入岗后的适应性。

（六）打破学科壁垒，建立模块化课程体系，培养综合职业能力

传统的学科本位课程体系难以满足学生职业能力的培养要求，应以就业为导向建立模块化课程体系，有效培养学生的综合职业能力。在对学前教育专业学生

职业能力进行分析后，可将课程体系分为基础素质板块、职业基础板块、职业技能板块、实践板块以及专业拓展板块，各个板块以幼儿园工作过程为依据，紧密联系，相辅相成。

基础素质板块主要培养学生的思想政治素质、道德规范、人文科学精神及基本学习能力，涉及的课程包括思想政治理论、形式与政策、大学语文、大学英语、职业规划等。

职业基础板块应帮助学生掌握学前教育专业知识和基本理论，如学前教育学、儿童心理发展学、学前儿童保育、幼儿园教师口语、幼儿园班级管理等。

职业技能板块主要包括艺术技能以及教学技能的训练，包括声乐、幼儿美术、钢琴与儿歌即兴伴奏、幼儿舞蹈及创编、幼儿园手工环创、学前儿童游戏、五大领域教材教法、普通话、教育政策等。

专业拓展板块是为了满足学生个性化发展的需要，拓展学生知识面或某一专业技能特长而设立的，包括学前特殊儿童教育、亲子教育、幼儿园英语教育、奥尔夫音乐教学法、蒙台梭利教学法等。

实践板块是在课程学习的基础上，使学生深入工作情境，将理论与实践相结合来提升学生职业能力及素养的重要环节。实践包括教师技能考核、基本功验收、教育见习、顶岗实习、校内实训等多种形式。

每一个模块都是对职业岗位所需的能力进行分解后形成的相对独立的能力单元。能力需求根据岗位任务来确定，因此模块课程并不是一成不变的，可根据岗位任务的变化以及学生职业能力培养状况，对模块课程的内容、组织方式、学时学分进行适时的调整，这就为学校及时调整培养方向、适应行业发展趋势增加了灵活性。

二、把握课程开设的顺序性

学前教育专业课程的安排不是随意进行的，而是有其内在的逻辑和道理。课程开设是有一定的顺序性的，各类课程在开设过程中要基于课程体系的具体性质和学生学习过程具备的特点安排课程学习的顺序，总体而言应该是循序渐进、由浅入深的，后一阶段的学习要有前一阶段学习的基础，两者是相互联系、相互促进的。对学前教育专业整体的课程顺序而言，应该是先学习通识理论知识，再学习专业理论知识和实践类知识。

通常在入学第一年学习通识教育课程，可以开阔学生的视野，使其尽快熟悉新的学习生活；之后开始专业理论课程的学习，丰富和深化学生对于学前教育专业的认识；在学生对整体的课程方向有了把握后开始实践类课程的学习。这样既能检验之前知识的学习效果，又能提升自身理论与实践相结合的能力。

三、加强课程设置的联系性

学前教育专业课程结构不是孤立的、单个的课程的简单拼凑，课程间应该具备一定的联系性。基于培养目标，学前教育专业课程设置应以本专业核心课程为课程建设的基础，并与其他课程共同构成整个课程网络体系。不管是哪一门课程，对于整个课程体系而言都是重要的构成部分，各个课程之间存在逻辑联系，而不是毫不相干的完全独立体。

每一门课程的开设都应该具有其独特的意义和价值，课程体系中任何课程的增加或减少都会对整个课程结构产生影响，不能随意增减。需要注意的是，不能为了丰富整个课程结构体系，就添加与本专业核心课程关联性较小的课程，这样会加大学生的学习负担，加剧学生的学习倦怠，不利于人才培养目标的实现。

四、突出课程设置的实用性

学生在进行课程学习的过程中，不仅需要掌握将来一线教育工作中所需的各种能力和方法，还需要在相关考试中取得合格的成绩。因而，在课程建设上要更加注重实用性，既要培养学生将来从事一线教师工作需要具备的知识能力，也需要兼顾学生未来需要通过的各类考试，例如可以开设部分资格考试课程、技能性课程，加强课程设置与资格考试间的联系。

第四节　学前教育专业课程体系的构建

一、提高课程体系的全面性

（一）完善学前教育专业职业道德体系

1. 抓好德育课中对基本职业道德的指导

德育课程中关于职业道德教育的内容占比较少，但正因为如此，学生能以较轻松的心态去接触，没有太多的心理负担，能在前期对基本职业道德有一个大致、粗略、普遍的认知层面的了解。目前的德育课程体系中职业道德内容排在学前教育专业学生入学后的第三学期，时间安排稍显滞后，因此把相应内容调整到第一或第二学期更为适合，以便为后续学习专业的职业道德打下基础。至于教材，可以沿用当前的德育系列教材。

此外，德育课教师在讲授职业道德相关内容时，为达到更好的教学效果，需要在教学准备、教学方式方法上做出更多努力。

首先，应认识到自己是对学前教育专业学生这个群体进行职业道德教育的主力军之一，正视自身的责任与义务。在备课阶段，应主动搜集学前教育专业的相关信息，增加自身对于幼教行业的背景了解，以结合基本职业道德的相关知识点，这样才能在授课时才能以更有针对性的视角向学生讲解。

其次，在课堂教学时要注意结合学前教育专业学生已有的知识经验，多采用开放性提问、讨论的方式，从学生的日常学习、生活中提炼出相关案例，让学生认识到职业道德不是空中楼阁，而是实实在在地存在于自己的言行举止、待人接物中，从而引发学生对教学内容的共鸣。此时教师再引导学生将讨论上升到职业价值观的高度。

2. 开设专门的幼儿园教师职业道德课程

如果说德育课是关于基本职业道德的指导，用于教导学前教育专业学生成为一个合格的社会职业人，那么专门的幼儿园教师职业道德课程则是具体到幼儿园教师的职业道德要求，用于教导学前教育专业学生成为一个合格的幼儿园教师。二者事实上相辅相成、缺一不可。开设专门的职业道德课程也在很大程度上体现了学校层面对于学前教育专业学生职业道德培养的重视，因此，能单独开课已经是一个良好的开端。

关于开课的时间，建议安排在第二学期或第三学期，视综合的课程体系安排而定，原则上是在德育课进行基本职业道德指导的后一个学期，这样会起到较好的承接作用。选用教材时，一是考虑对于学生的适用性，二是考虑幼师职业道德内容的编排的科学性，综合两个选择标准。在任课教师的选择上，鉴于授课内容是专业职业道德，与其让德育课教师来授课，不如由学前教育专业的教师或是有幼儿园工作背景的教师来负责教学。这类教师因为有专业背景，可以设想知识点链接的工作场景，授课时会讲得更好，备课时也能更好地、更专业地从幼儿教育的视角出发，带给学生职业道德内容与幼儿园实际工作要求互相融合的课堂。理论与实践相互融合渗透可以实现教学相长，教师充满专业情怀、热情地授课，学生收获到满满的知识干货，情感上亦受到鼓舞。

3. 在专业课上融合、渗透职业道德内容

除了德育课上关于基本职业道德的指导和专门的幼师职业道德课，学前教育专业学生在校期间还要进行其他专业课的学习，完整的职业道德课程体系不应当把这些专业课排除在外，而要积极探索专业课上对职业道德内容的渗透。在平时的专业课教学中渗透职业道德培养，其效果是不容忽视的，往往能起到润物细无声的作用。专业课教师应当深刻认识到在学前教育师资培养过程中职业道德培养的重要性，即使自身不是职业道德课的任课教师，也应当把提升学前教育专业学生职业道德素质作为己任，视作教育工作的必要一环，把渗透职业道德作为一个固定环节写进教学设计，让其成为课堂教学的常态。为了更好地融合专业课内容与职业道德要求，教师可以在平时的生活中有意识地收集跟幼儿园教师职业道德相关的资料，用敏锐的专业视角去捕捉一些社会热点，整理、归类、分析，从而形成一个学前教育教师职业道德相关事件资料库。在准备新的课程内容时，可以从资料库里搜寻对应的社会事件，剖析该事件可从职业道德的哪些方面与知识点渗透融合。在整理一个热点问题时，深入思考其中折射的学前教育专业现象和发展趋势可以和哪一门课的哪一个知识点进行融合，可以用哪一种教学方式去开展教学。

（二）适当增加前沿学科知识

为提高学前教育专业学生的综合素养以及在就业市场上的竞争力，学校应当更好地帮助他们了解该学科的发展趋势，在拓宽其知识面的过程中，合理开设前沿学科课程，构建较为完备的课程体系。这有利于学生在掌握基本学科知识的基础上从容把握学科发展态势，从而激发学生的学习兴趣，拓宽他们的文化视野。

（三）完善学前教育专业课程思政体系

学前教育专业课程思政体系的完善可以为德育元素在学前教育专业课堂中的体现创造有利的条件。各院校可以从立德树人的教育目标出发，将其渗透到课程体系中，突出道德意志的重要性。学前教育专业的基础理论课程可以培养学生的专业素养，在其中融入思政内容，则可以让德育元素更加丰富，便于教师在课堂上的串联与呈现，无形中提高学生的道德素养。

学前教育专业课程比较多，可以根据不同课程的性质、特点建立思政体系，以便于增强教学的有效性，确保德育元素的挖掘与渗透都可以符合预期。例如，教师在幼儿美术创作课程教学中，培养学生的实践操作能力，同时让学生体会学

前教育工作者的艰辛，帮助学生逐渐地具备良好的师德师风。

学前教育专业课程思政体系作为德育元素渗透课堂的条件，在完善的时候要尊重学生的主体地位，从学生的角度出发突出德育元素的价值和意义。在此基础上，利用课程考核评价机制帮助学生更清晰地认识自己，坚定道德意志，使学生能够在日常的学习和生活中对学前教育工作保持兴趣，并主动地探索学前教育工作的思想道德品质，有意识地提升自身的综合素养，用道德约束自己的言行举止。

（四）科学增加学校实践活动

增加实践活动可以提升学生运用理论知识的能力，学前教育专业学生需要进行大量实践活动来提升专业能力，巩固理论知识学习成果。教师可以举办歌曲创作大赛、乐器比赛等，通过大量的实践活动帮助学生巩固所学知识，增强学生的专业能力，为学生将来的职业发展奠定良好的基础。同时，实践活动也能给学生提供平台，让学生有机会展现自身的才能，增强其自信心与勇气。与此相对，学生通过参与实践活动，也可以发现自身的不足，并从其他选手身上学习自身所不具备的能力。

此外，学生在参与活动期间，可以学会认真观察生活，学习相关知识，扩大知识储备，提升审美水平，在参与活动的同时获得自我的升华。所以，科学开展实践活动对于促进学生的发展具有积极作用。

（五）不断完善学生实训体系

在开展学前教育专业教学活动的过程中，针对提高学生实践素养的实训教学占比较高。因此，为了进一步提升学前教育专业人才的整体培养质量，还需要有更加完善的学生实训体系。通常来讲，根据学前教育专业学生的实际需求，高校需要将学生的整个实训学习划分为三个阶段。

第一阶段是学生的观摩阶段。这一阶段可以在学生刚刚步入院校时期开展，主要是帮助学生对幼儿教育工作的环境、日常幼儿教育涉及的内容以及整个的工作流程等有一个初步的了解，从而能够更加明确未来在校学习期间，自己应该向着哪个方向努力。

第二阶段则是学生的体验实训阶段。这一阶段学生已经掌握了基本的幼儿教育知识，也在课堂上学习了一些操作技巧，但还缺乏自己实际上手操练的机会，因此需要真实的体验去帮助学生进行知识验证，通过亲身体验来反思课堂上学习的理论知识，从而对这些知识有更深入的理解与更进一步的掌握。

第三阶段是学生的探究实训阶段。在这一阶段，可以提供给学生一些开放性的课题，没有固定的答案，让学生自己去探索、实践、改正、完善，从而将所学知识与技能进行更进一步的融合，最终拥有更强的综合素养。

（六）注重实践教学的重要性

1. 丰富音乐课程的设置

为了完善学前教育专业学生的音乐知识体系，构建全面的音乐课程体系是必不可少的。现有的音乐类课程基本可以满足教学需求，但从长远来看，音乐类课程的设置中音乐史及音乐赏析类课程是不能空缺的，否则音乐知识体系是不完整的，学生了解到的音乐也是没有文化底蕴作为支撑的。

针对学前教育专业学生没有音乐欣赏基础的情况，教师可以将音乐史与作品赏析类的课程结合在一起，通过讲解经典作品使学生了解音乐文化所处时代的风貌，也可以通过不同时代的音乐风格使学生了解音乐作品的创作特点。对于音乐史和经典音乐作品的了解，可以为学生运用音乐知识进行幼儿音乐启蒙提供素材储备，弥补了学生在这一部分音乐知识上的空白。

另外，音乐课件的制作也是本专业需要额外开设的课程。因为电子乐谱的制作与其他文字版课件的制作不太一样，很多专业性的符号需要运用专门的乐谱制作软件。为了更好地适应信息化教学模式，教会学生操作基本的打谱软件是很有必要的。音乐课件的优化以及打谱软件的合理运用可以切实提高学生对音乐知识的综合运用能力。

2. 丰富美术教法课程的内容

美术教法课程内容的扩充也是学前教育专业实践教学中的关键。现如今针对学前儿童美术教法的教材非常多，教师要进一步优化教材版本的选择，选取教材中更有用的内容。同时，教师也要发挥出教材的实践功能，有效应对幼儿园教学改革的不足。针对目前学生身上的共性问题，进行集中攻克。

教师可以从传统文化中汲取灵感，做好传统绘画艺术教学素材的开发与应用。例如，将宋代绘画艺术融入学前教育专业美术教法课程中。宋代经典绘画作品《清明上河图》《千里江山图》等画作中包含众多可待挖掘与学习的内容，其绘画艺术的高雅气象可与幼儿园美术欣赏活动进行融合，用来培养、提高学生与幼儿的审美能力。在丰富美术教法课程内容的同时，实现对传统文化的传承与创造性应用，同时也能提高学前教育专业学生与幼儿的创新意识和创造能力。

此外，教师还要做好幼儿园美术教育成功案例的收集，结合国内先进的教育内容形成更有效的研究成果，并结合幼儿园的课件、图书、资料等进行展示，通过这些真实的资料提高教学的有效性。教师也要做好与学生的分享，为学生提供更多获取有用知识的途径。

3. 丰富舞蹈课程的教学形式

改进学前舞蹈教学方法是促进舞蹈教学发展的有力保障。结合学前舞蹈的实际情况，在教学过程中，可采取探究模式和信息化模式进行教学。探究模式是指在教学前设立合理的教学目标，保证舞蹈教学任务的完成。信息化模式是指根据实际的教学条件，采用信息化设备和技术，如用多媒体设备播放舞蹈内容，激发学生对舞蹈的学习兴趣。

此外，还可以运用多元化的舞蹈教学模式，对优秀的民族舞蹈进行创新，为提高学生的舞蹈水平提供有力支持，如将《燕儿飞》《马兰谣》《长辫子》等舞蹈融合到一起，让学生感受蒙古族、藏族、维吾尔族的舞蹈元素，从而提高和改善学前舞蹈的教学质量和教学效果。在学前舞蹈教学设计中，教学人员需要考虑将多元化表演元素融入实际的舞蹈教学中，培养学生对舞蹈的学习兴趣。

4. 丰富游戏课程的教学模块

在游戏课程中，应当对现有的教学模块进行调整，优化人才培养方案。学前教育专业通常只会设置针对游戏进行教学的课程模块，课时数量少，教学内容理论化，与其他课程之间缺少有效衔接。现阶段对游戏课程体系进行完善时，应当重视对游戏课程模块进行优化，设置以"课程＋学期"项目为特色的创新综合实践、技能大赛及 X 证书类拓展课程，打破常规的课程分隔，让课程与课程之间有效衔接，全面提高学生的综合能力。

还可以根据能力差异将学生分成多个不同层级的小组，形成以优带差的小组合作模式，让不同层级的学生参与到小组项目任务中，提高学生的整体能力。通过对课程模块进行完善，能够形成递进式的学习模式，让学生对游戏课程有更加深入的了解。

二、增强课程体系的科学性

首先，为解决学前教育专业课程体系设计不够合理的问题，应当在课程模块上进行更加具体的调整，使得模块教学更加细致、严谨，课程更能够适应专业学生核心素养的培育，对接人才培养目标。例如，根据学前教育专业人才培养目标的"培养具有爱心、责任心、耐心，具有良好保教观念，具有扎实教育实践能力，具有较好自我反思与教学总结意识的人才"。第一，在师德师风教育模块中，要调整与学生核心价值观和保教结合能力相关的课程内容，更加突出理论与实践相结合、相统一；第二，在学生教育情感类教学课程模块中增设理解、认同儿童发展规律，体现以儿童为中心的课堂策略的实践教学内容，目的是增加教学中的情感类内容，让学生具有科学的儿童发展观；第三，在保育、教育知识教学模块中，从简单的教学生教学方法与保育知识变为学生应当学习一系列与保教相关的人文知识、科学知识，目的是通过知识的细化和丰富，使得学生的保教能力更能够促进幼儿的健康成长；第四，在对学生的幼儿园班级管理能力、管理策略的培养模块之中，增设"幼儿园班级管理具体方法"这一部分内容，其主要作用是细化班级环境创设与管理的途径，有意识地引导学前教育专业学生选择更适合幼儿年龄特点的管理方法。

其次，要对学前教育专业课程做科学的设置和调整。一方面，要调查和梳理学前教育课程的演变历史，以及现阶段课程的实施效果及实际问题，加强课程体系建设，为推进人才培养目标提供更专业、丰富、科学的理论支持，进一步明确学前教育课程的价值取向，为其今后实现更好的发展奠定基础。另一方面，如今学前教育课程的结构比较单一，课程目标缺乏灵活性和指向性，导致课程实施以后所取得的教育效果不够明显。在这方面，要求学校及时调整学前教育专业的学分比例，并控制好宏观因素和微观因素对学前教育课程设置的影响，包括市场需求、文化制约以及学校的办学环境、学前教育课程的设置理念等。后续应该将重点放在"三位一体"的学前教育课程体系的建设上，使如今的实际问题和主要矛盾得到逐步的解决。

三、提升课程体系实施的有效性

（一）建立有效的课程管理机制

为了使学前教育专业课程设置达到更好的效果，学校应该建立有效的课程管理机制，包括对学前教育专业课程设置的管理、课程实施的管理、课程评价的管理等。其中，课程设置是课程实施的基础，也是实现培养目标的前提。因此，学校应成立由各学科教学的主要负责人、幼教专家、幼儿园园长等组成的课程设置委员会，专门负责课程设置。

同时，还要注意结合地方需求进行学前教育专业特色课程的研发，将不同课程整合成一个连续的、系统的整体，使课程设置不断出特色、出亮点。在课程实施中，学校要求教师在学习新理念、改变课堂教学模式的基础上，改变"唯分数论"的教学评价方式，注重对学生学习过程的评价，重视课程实施的效果，以此来检验课程设置的合理性和课程实施的有效性。

（二）形成有效的校企合作模式

学前教育专业应加强与用人单位的联系，形成有效的校（学校）、园（幼儿园）合作模式，建立友好的合作关系。其一，学校通过校、园合作，可以了解当前用人单位的用人规格，从而调整自己的培养目标和课程计划，使专业课程体系得以完善，课程设置得以优化；其二，通过合作，学生有更多的机会去深入了解幼儿园一线的实际情况，从而更加明确学习目的，将理论与实践相结合，优化课程实施的效果。

另外，学校还可以聘请用人单位的优秀教师充实到教师队伍中，让他们担任兼职教师为学生做讲座，或承担一些与幼儿园实际工作密切联系的课程教学任务，为学生授课，从而提高实践课程的质量。

通过以上措施，可以逐步实现学校培养的人才与幼儿园的实际需求"零距离"接轨，从而真正实现培养目标。

（三）创新教学方式，合理利用教育资源

教学方法是教师"教"的方法和学生"学"的方法的统一，但受传统教学观念的影响，部分教师在选择教学方式时，往往只考虑自身的特长以及课程内容的性质、特点，却忽视了学生这一主体学习方法的最优化。

此外，传统的灌输式教学方式也将学生置于教学之外。即使课程安排、课程内容和设计再精美，在具体教学时未采用适合的教学方式，也很难达到预期的教学效果。因此，教师应紧跟时代步伐，在充分了解学生基本学情以及深入研究课程内容的前提下，创新教学方式，打造精品课程。

首先，在学校层面，应创设教师成长空间，鼓励教师间相互探讨学习，利用教研室等资源，开展教学方法研究，将新的研究成果运用于实际教学中，不断改进。

其次，在教师层面，应加强教师责任感，积极创新教学方式。教师要了解学前教育专业培养出来的人才所从事行业的特殊性，利用灵活多样的教学方式激发学生个性化、创造性的发展，通过言传身教的方式达到最佳的教学效果。此外，教师还应充分利用教学资源，将学生置于教学的主体地位，进行积极探索。教师在教学时可采用案例教学法、情境教学法、任务驱动教学法、微格教学法等方式，将学生置于近似真实的工作环境中，通过发现问题、拆解工作任务、提取工作要

点、解决工作难题、讨论及反思等环节，让学生在掌握实际的职业技能的同时，学会在学习过程中将理论与实践相结合。

最后，我们还应意识到，在信息化时代，随着科学的教学辅助设备的出现，以及学习信息渠道的多元化，我们除了关注线下教学方法的变化，还应注意"互联网＋教育"教学方式的变革。例如，在线学习是指学生应用网络进行学习的一种全新方式。应用在线学习时，就需要教师更新信息化教学意识，建立信息化思维，利用现代虚拟教学平台进行教学。因此，"互联网＋教育"时代对教师素质提出了更高的要求，教学方式也应紧跟时代发展潮流，并探索适宜的教学方法。

第五节　学前教育专业课程评价的改革

一、线上线下评价相结合

在"互联网＋"时代，线上评价是不可缺少的，因此，各高校应建立线上评价机制，完善评价体系。线上评价借用大数据平台，可以清晰地、客观地反映学生学习、教师教学、课程设置等各个方面存在的优势与不足，可以查漏补缺、取长补短。做到线上线下评价的结合统一，会使得考核和评价更加合理和公正，有利于发挥评价的指导性作用。

二、总结性评价与形成性评价相结合

传统的对学生进行评价的方式比较单一，主要局限于对学生成绩结果的评价，即往往以考试结果来判断学生的成长和进步，这种评价方式存在着明显缺陷。学生的发展应是知、情、意、行的全方位发展，具体的分数只能在一定程度上反映学生知识掌握的熟练程度，却不能真正觉察学生在认知、能力、情感、态度等多方面的发展。目前部分院校对学生的考核及评价存在"唯分数论"的现象，常以期末考试或考查的最终分数来判定一个学生专业水平的高低，而对于操作性较强的专业技能的考核却流于形式。这种终结性的、片面的评价方式难以满足学生发展的需求，也不利于对学生职业核心能力的培养。学生评价是一系列评定学生表现的综合，包括正规测验、实践与口头评价、教师作出的基于课堂的评价、档案袋等。因此，学校应建立全面的学生评价考核体系，将总结性评价与形成性评价相结合，注重学生职业能力的考核。

首先，可将终结性评价用于学生专业理论性知识等方面的考核中，操作简单，结果明显，同时对于学生实训实践过程、情感态度等方面则进行形成性评价。例如，在幼儿园五大领域课程设计中，可从学生的课程准备态度、内容设计能力、语言表达能力、课程实施能力等各个方面对学生进行评定，力求评价的全面性。使用形成性评价能够帮助教师和学生及时调整教学活动和学习活动的方向、强化学习的效果、高效地解决学生的问题并提出针对性解决方案。

其次，要实现评价主体多元化与评价内容的发展性。评价主体的单一性会造成评价结果的狭隘化和片面化，因此，学校首先要建立起以学生自评、学生互评、教师评价、实习指导教师评价为主体的评价考核体系，力求评价结果的全面性，客观反馈学生的发展变化。此外，评价内容的发展性是指评价的目的是使学生清楚认识自我，看到自身发展的优势和不足，在原有基础上通过查漏补缺实现进一步的发展。因此，评价的内容应着眼于学生未来的发展，看到学生的无限潜能。

最后，学校要加强对学生专业能力的考核。对于专业技能课或是五大领域活动设计课，除了常规的结课考试和设计一份活动教案，还应关注于学生投身于幼儿园真实的工作情境中所掌握的实际工作能力。例如，学生在结束舞蹈课程学习后，能否根据幼儿身体发展的规律设计适宜的韵律操；能否在钢琴课结束后，掌握即兴儿歌伴奏的能力；或者是在五大领域活动设计课程结束后，能否达到"上好一堂课"的要求等。专业能力的考核不应只停留在课程的表面，还应注意在真实工作情境中应具备的核心职业能力。

三、完善评价考核标准以提高技能素质

就目前来说，各个院校学前教育专业培养学生的侧重点在于培养学生的实践技能，因此在高度重视学前教育专业学生实习实训等素质教育的同时，还应构建健全的课程考核标准，以保障最终的教育成果。

因此，完善评价考核标准，并将其运用于学生实践教学与实习实训课程考核中，可在很大程度上提高教学效率与质量，促进学前教育专业长远发展。

四、创新职业能力评价手段

首先，改变传统"重脚轻体"的评价模式，将学生实践的全过程量化，综合评价一个学生的素质，一改以往将成绩和分数作为评价的最终标准的评价模式，

使评价可以贯彻到学生发展的全过程中，让学生更好地从专业发展的实际出发，通过产教融合、校企合作平台等融合模式，提升学生的专业能力和职业素质。

其次，采用学校考核与行业考核相结合的评价方式，融入职业生涯规划教育，不断提升学生的专业能力。

最后，建立学生自评机制，充分发挥学生的自主性，用好评价模式，使其明确自身发展的实际情况，做到正确认识自我，促进全面发展。

第六章　学前教育专业人才培养的现状与挑战

　　幼儿园教师担负着人才培养的重任，因此，幼儿园教师的培养质量影响着幼儿教育的发展。学前教育工作的优化与创新与幼儿教育发展息息相关，学校应勇于承担学前教育人才培养重任，既要在推进学前教育专业优化与创新时强化对学前教育事业发展状况的深入分析，也应强化对幼儿园教师需求状况的持续性追踪，分析现行学前教育专业人才培养方面存在的问题，了解学前教育专业人才培养面临的挑战。只有这样，才能更好地促进学前教育科学化发展。本章分为学前教育事业发展与幼儿园教师需求、学前教育专业人才培养的现状、学前教育专业人才培养的挑战三部分。

第一节　学前教育事业发展与幼儿园教师需求

一、学前教育事业发展状况

（一）深化学前教育改革，推动规范发展

　　2018 年 11 月，中共中央、国务院出台了《关于学前教育深化改革规范发展的若干意见》，强调学前教育是终身学习的开端，是国民教育体系的重要组成部分，是重要的社会公益事业。中共中央、国务院印发的《关于学前教育深化改革规范发展的若干意见》中提出了"到 2035 年，全面普及学前三年教育，建成覆盖城乡、布局合理的学前教育公共服务体系，形成完善的学前教育管理体制、办园体制和政策保障体系，为幼儿提供更加充裕、更加普惠、更加优质的学前教育"的具体目标。该文件同时也指出虽然我国的学前教育事业在党的十八大以来取得了快速发展，但当前仍然存在着"入园难""入园贵"等诸多问题，如学前教育资源尤其是普惠性资源不足、政策保障体系不完善、教师队伍建设滞后、监管体制机制

不健全、保教质量有待提高、存在"小学化"倾向、部分民办园过度逐利、幼儿安全问题时有发生等。

中共中央、国务院发布的《关于学前教育深化改革规范发展的若干意见》中的建设普惠性学前教育公共服务体系的发展思路，不仅针对当前我国学前教育事业发展中的问题提出了具有针对性的建议，更对提高我国学前教育事业和学前教育公共服务水平的高质量发展提出了具体举措，重申了学前教育的准公共产品属性，强调了各级政府在提供学前教育公共服务中至关重要的主导作用。

（二）支持社会组织参与学前教育公共服务体系建设

由于政府还承担着国家农业、科技、经济等多项事业的发展任务，将所有精力都集中到学前教育公共服务体系建设上来既是不可能的，也是不现实的。学前教育公共服务体系的建设无法单纯依靠政府力量完成，加上社会组织已逐渐在我国公共服务建设的舞台上崭露头角，因此如何动员更多社会组织及力量参与学前教育公共服务体系建设，为其提供政策支持，开辟更广阔的生存和发展空间，使其在建设发展中取得更高质量、更高效益，已成为不可回避的重要议题。

早在 1985 年中共中央发布的《关于教育体制改革的决定》中就提出，要"鼓励各民主党派、人民团体、社会组织……遵照党和政府的方针政策，采取多种形式和办法，积极地自愿地为发展教育贡献力量"，可以说，关于动员社会组织参与教育建设的政策支持话语在我国已经有了相当长一段时间的历史。在 2010 年以后发布的与学前教育相关的政策文件中，关于支持、鼓励社会组织参与我国公共服务体系建设的具体条文更是层出迭见。

虽然在当前的政策文件中，大多采用的是"社会力量"的提法，但是这种"社会力量"正是以社会组织为代表的。虽然市场也可以参与学前教育公共服务的提供，但是在万事都被功利化侵袭的今天，由于学前教育公共服务体系的公益性和公平的价值追求，人们越来越倾向于明确学前教育和市场之间的界限。正是由于我国政府在一定程度上让渡了在我国学前教育公共服务体系建设上的空间，社会组织参与我国学前教育公共服务体系的建设才从理论可能转变为实践可能。通过对于上述政策文件的分析，我们可以清晰地发现，政府在当前的制度下留给或者说授权给社会组织参与学前教育公共服务体系建设的空间主要集中于以下几方面。

首先是支持和鼓励社会组织创办幼儿园，尤其是创办普惠性幼儿园。虽然随着时代的发展，我国学前教育公共服务体系的建设有了长足的发展，但由于历史和现实叠加的双重影响，以及"全面二孩"和"开放三孩"政策的实施，学前教育资源供给不足的问题依然严峻。因此，政府不断放开空间，允准社会组织参与办园，如2010年"鼓励社会力量办园"、2014年"利用社会力量创办普惠性幼儿园"、2021年"支持和规范社会力量办园"等，都体现了政府对于社会组织创办幼儿园的要求实现了"从无到有"到"从有到优"的深层转变。

其次是支持和鼓励社会组织通过资金、经费支持学前教育公共服务体系的建设，如2011年"动员社会力量投资办园、捐资助园，多渠道筹措学前教育资金"，2021年"鼓励企事业单位、社会团体及其他社会组织等向学前教育捐资助学"等。不可否认的是，学前教育经费仅靠政府与幼儿家庭的投入根本无法满足，尤其是在当前"入园贵"的现实困境下，要想减轻学前教育花费对于家庭的负担，必须实现学前教育经费投入的多元化，发挥社会组织的力量来投资学前教育公共服务体系的建设。

最后是支持和鼓励社会组织参与0—3岁婴幼儿托育服务的提供。2019年，国务院办公厅印发了《关于促进3岁以下婴幼儿照护服务发展的指导意见》，要求到2025年，多元化、多样化、覆盖城乡的婴幼儿照护服务体系基本形成。

二、幼儿园教师的需求状况

随着"全面二孩"政策落地，全国适龄幼儿数量增长速度较快，因此我国对幼儿园教师的需求量增大。幼儿园对幼儿园教师的需求问题逐渐显现，并成为社会关注的焦点，这也成了我国学前教育亟需解决的首要问题。可以说，这一问题主要是由我国学前教育环境、学前教育供给制度与我国经济发展趋势不同向、步调不一致所导致的。

幼儿园教育是基础教育的初级阶段，是一个人教育生涯中的重要组成部分。幼儿园教育是学校的基础教育。但目前我国年出生人口增长率以及新增幼儿数量很可能会激化现有的幼儿园教师供求矛盾。现阶段幼儿园和幼儿园教师队伍等幼儿服务资源都存在着数量不足、质量参差不齐的问题，无法满足未来幼儿园教育的需要。我国幼儿园教师的数量在"城区—县城—乡镇"这一城乡连续体上呈现的是阶梯变化，目前，公办与民办幼儿园之间，城市与乡村的幼儿园之间，幼儿师资水平都存在较大的差异。

第二节　学前教育专业人才培养的现状

一、学前教育专业人才培养存在的问题

通常来讲，学前教育专业人才培养覆盖范围较为广泛，包括专业人才培养方案、课程设置、实习基地建设、教材体系建设、师资队伍建设、教学管理配套政策等。基于部分学校对学前教育专业毕业生及用人单位的问卷和访谈，可以从人才培养目标、课程设置、实践教学、质量保障、师资队伍建设等方面来分析当前学前教育专业人才培养存在的问题。

（一）人才培养目标方面存在的问题

学前教育专业人才培养目标涵盖培养方向和培养规格两个部分。在培养方向上，学前教育专业的目标是培养能够在学前教育机构从事教育教学及管理工作的高素质、骨干型幼儿园教师；在培养规格上，学前教育专业学生需要具有良好的师德和坚定的教育信念，对教育事业怀有积极情感，认同学前教育和幼儿园教师的价值，且具备扎实的学前教育理论知识以及良好的人文、科学与艺术素养。围绕这两个标准，下面对学前教育专业毕业生的专业认同感、专业能力的掌握情况等进行具体分析。

第一，毕业生的专业认同感有待提高。学校的培养规格包括学生应具有良好的道德情操、热爱幼儿教育事业，对于自己的专业有强烈的认同感。专业认同感是指学习者非常认可自己所学的专业，在学习过程中，对于专业内容的学习表现出浓厚的兴趣，能够主动地、积极地进行学习和探索，也愿意把本专业对应的职业作为未来将要从事的职业。

通过毕业生就业质量调查问卷和对部分学前教育专业毕业生、幼儿园工作人员的访谈，不难发现，很多学生在毕业以后并未从事与学前教育相关的工作，即使是目前还在学前教育相关机构工作的毕业生也会有离职的可能性。毕业生对于这个专业的认同度不高，对于这个专业就业以后的薪酬、工作内容都不太满意。很多学前教育专业的学生在选择学前教育专业之前没有做好充分的准备，不了解专业学习的内容与发展情况，并且在学习期间没有将自己的专业融入到良好的职业规划中去，导致自己的专业认同感不高，在就业时也不从事自己所学的专业。这反映出学校在预期的培养目标中，在培养方向的达成度上有一定欠缺。

第二，毕业生专业能力有待提高。学前教育专业培养规格里面提到，学生应该具备扎实的学前教育理论知识以及良好的人文、科学与艺术素养。若想更好地从事学前教育工作，则应具备基本的文化知识和专业理论知识、专业技能以及教学能力。学前教育专业的毕业生在上岗之前需要具备的知识和能力包括幼儿园教育及保育的基础理论知识以及唱歌、弹琴、跳舞、绘画、做手工等专业技能能力，另外，还需要具备幼儿园班级管理以及学习活动组织、游戏活动组织、环境创设等方面的能力。

从调查结果中可以看出，学前教育专业毕业生在专业能力掌握方面存在不足，尤其是在班级管理、沟通能力、实操技能部分，学生和用人单位均认为有所欠缺。学生专业能力的欠缺会影响到幼儿园教育教学的质量，甚至对学前儿童的终身教育质量也有影响。因此，学前教育专业后期需继续加强对学生专业能力的培养。

（二）课程设置方面存在的问题

在学前教育专业人才培养过程中，课程是实现培养目标的关键环节，它既是专业建设的重要内容，同时也是人才培养过程中的关键要素。作为一名学前教育专业的学生，其专业能力形成的要素需要相应的专业课程来支撑。随着时代的发展，人们的生活水平不断提高，教育质量也随之提升，有关教育教学各方面的标准也在提高，幼儿园教师不仅要有扎实的专业基础理论知识和职业能力，还要确保在校园中能够顺利地应对各种情况，保障幼儿健康快乐地接受教育。因此，学前教育课程设置需要根据幼儿的需求，制定教育内容，遵循创新原则，保证教材和教育内容相匹配，及时更新选择与教育内容相适应的教材。

在对部分学前教育专业毕业生进行问卷调查时，"学生认为学校教学工作最需改进的地方"一题显示，相比于教师教学，学生对课程设置方面的意见更大一些。具体来讲，在课程设置方面主要存在以下几个问题。

1.课程数量及类型单一

根据调查结果我们可以了解到，部分学校目前开设的课程中，理论课与技能课的课时比例不够合理，并且理论课的上课方式不太能够被大家接受，部分教师不能将理论同实践经验结合起来，缺少有关幼儿园工作的相关案例。在课程内容上，学科前沿知识、国内外优秀教材和最新教研、教改成果未能在一系列课程中得到及时有效的更新。在某些地区的学校里，教师的一些教科研成果还未能转化为面向学前教育的校本教材或有效融入课程教学内容之中。学校是为生产、经营、管理、服务等行业培养应用型人才的地方，重技能的同时也要重理论，强调理论知识的同时也需要结合实践知识。

另外，新时代大多数学生的个性更加突出，而自我约束、自我管理能力相对不足，对于理论知识的理解度也相对较差，所以在授课时更需要将理论和实践结合起来，增加课堂的趣味性和实践性。

2. 专业技能课占比高

学校提高声誉的一大措施就是提高学生在大赛中的获奖率，通过高获奖率吸引学生报考，获得家长和社会的认可。为了顺利地招生和提高生源的质量，一些学校长期把重点放在职业技能大赛和文明风采大赛上，在课程设置上也增加了钢琴、美术、舞蹈等专业技能课的学时。部分学校整体上更注重技能的学习，学生以获得专业技能奖项为目标，教师以指导专业技能人才为职业价值，从而形成了重技能、轻知识的育人取向。这样培养出来的学生是有短板的，且不说高专业技能获得者只存在于少数有资质的学生中，以未来幼儿园教师的视角来看，一名合格的幼儿园教师不仅仅是能弹高难度的曲谱、跳高难度的舞蹈以及创作出优美的美术作品就能胜任的。一个没有专业理论知识作为基础的学生，哪怕能够跳最高难度的舞蹈，对幼儿教育来说也仅仅是一个高技能花样，而不是真正的教育。

3. 缺乏特色类课程

调查发现，一些学校在课程设置方面存在不合理现象，课程体系不够完整，一些必要的课程没有开设，并且在设置的课程中缺乏特色类课程，毕业生市场竞争力较弱。特色化幼儿园的建立主要是为了满足社会的需求，给予家长多种选择的余地。学校设置特色类课程，不仅能够使学生掌握丰富的专业知识，而且能够使毕业生更好地适应社会的需要，提高自身的竞争力。

一些学校存在课程设置不够完整的问题，很多毕业生在走向工作岗位以后发现学校设置的课程过于传统，不能够满足实际工作的需要。随着社会的不断发展，国家越来越重视学前教育事业的发展。社会对于学前教育的需求逐步呈现特色化、个性化、多元化的发展趋势，家长和社会希望幼儿能成为一个多元化、个性化、与众不同的个体，在面对众多幼儿园的选择上，便会寻找具有特色化、个性化、多元化特征的幼儿园。所以幼儿园想要在未来获得长足的发展，取得更大的进步，就需要不断地满足家长和社会的需要。幼儿园的特色发展需要学前教育专业学生在校期间注重综合素质的提升，需要学校增设特色化课程，为学生提供多样化的职业特色课程体验。如果学校能够将学生培养成优秀的、适应社会发展趋势的幼儿园教师，就能够提高学生的竞争力，同时也能够为学校赢得良好的口碑。

4. 盲目开设就业指导课程

部分学校就学前教育开设了一些就业指导课，如"职业生涯规划"，也有学前教育方面的就业指导讲座等。学生就业难的话题也引起了学校对学前教育毕业生就业管理的相关思考，学校就此开设了新的就业指导课程，如"就业指导""大学生职业生涯规划与实践指导"等。这些新开设的就业指导课程对学校提出了巨大的挑战。

首先，师资不足，新开设的课程没有相对应的师资，辅导这门课程的教师往往自身也对学生就业的具体情况认识模糊，很难给予有效的就业指导。

其次，课程之间缺乏逻辑联系，在课程开设之前没有进行仔细的论证。

最后，就业指导课程并不仅仅依赖于新课程的开设，更多的是要形成学校课程系统观，基于已有的课程，充分发掘其内在的就业指导价值。例如，实训实践课程既可以存在于专业课领域，也可以纳入就业指导课程体系中。

5. 实习实践环节不足

部分毕业生认为教学工作中的实习实践环节不够。结合部分学校的学前教育专业课程设置的情况来看，三年内见习周数是四周，实习周数是十六周，也就是最后一个学期。这样看来一些学校对于学生的实践安排并不合理，每学期若只有一周的见习时间，则除去刚到幼儿园熟悉教学环境和做一些准备外，一周中真正能实习和学习的时间并不多。

教育实践是教育类专业知识学习的关键环节，其内容主要包含教育见习和教育实习。教育实践的作用是让学生在进入工作岗位之前提前了解自己的工作岗位，熟悉自己工作的主要内容。学生在学校里学得的理论知识终究只是"纸上谈兵"，并不能很好地应付或者解决实际工作中出现的问题，而实践环节能够帮助学生更好地获得经验、学以致用，使其能够在未来的工作过程中快速融入工作环境。部分学校的课程设置中缺少对学生实践能力的训练，使得大部分学生对于幼儿园的情况不够熟悉，这就容易导致学生在步入工作岗位时不能很快胜任各项工作。

（三）实践教学方面存在的问题

1. 实践教学目标比较笼统

实践教学目标是指学生通过实践教学活动，在专业知识、专业信念、专业能力等方面应达到的水平或标准。实践教学目标定位对实践教学内容的构建与实施、实践教学效果的评价和实践教学过程的监督管理具有指向性作用，对学生将来的专业化发展和社会适应性有着重要影响。

一般而言，学前教育专业的实践教学目标是"培养学生利用相关教育理论分析、解决教育问题的能力，使学生掌握文献检索、资料收集与整理的基本方法，具有一定的科学研究和实际工作能力"。从这个表述上，很难一眼看出具体想达到什么样的实践教学培养目标，内容含糊，并没有体现出学前教育专业的培养特点，而且没有针对各个实践教学环节的具体目标，实践教学内容的设置没有针对性、层次性和系统性。在理念方面更多的是对上级要求的一种迎合，并没有完全做到统筹规划、立足实际、合理设置。

2. 实践教学管理制度不完善

在组织管理和运行管理方面，学前教育实践教学一般采用的是校院两级管理组织，军训和创新创业活动环节由学校主管负责，其他见习、实习等实践教学事务由教务处统一管理，具体由学院组织实施。具体到学院，一些部门在统筹协调、共同推进方面参与性不足，各自的作用发挥不到位。此外，具体负责学生实践教学工作的办公室工作人员很少，导致个人工作量变大，难以面面俱到。

在管理制度及其具体运行中，部分学校缺少针对学前教育专业实践教学的、行之有效的管理制度和考核评价机制，实践教学的实效性不强。例如，一些学校以分散实习为主，学生一般回到生源地的幼儿园实习，部分地区网络信号较差，学生与学校联系不多，学校难以实时掌握学生的实践教学成效，教师难以实时指导学生的实习过程。有的学生甚至打着分散实习的幌子，干其他的事情，学校对学生也缺乏监督管理。从实习的最终效果来看，学生的实习效果不佳。部分学生在其他实践教学环节中也存在应付了事的情况，不能主动对教育教学活动进行研究反思。同样，在指导实践教学时，一些学校由于并没有形成完善的指导教师管理制度，部分教师存在应付检查的问题，较少对学生进行指导。

此外，实践教学评价机制的不健全阻碍了学前教育事业的发展。在评价主体上，学前教育专业实践教学更多关注的是学校和基地的指导教师，而忽视了国家要求兼顾自我评价、幼儿评价和同伴评价的规定。学生更多时候是被动接受评价，而不是评价的主体和积极参与者。在评价指标上，缺乏一套能体现学前教育专业实践教学特色的评价指标体系。目前考核评价的内容基本上是知识片段，对学生的评价仍以一张表和一段评语为主，难以测试学生的实践能力，忽视了对学生职业信念、职业态度和职业道德等方面的评价。此外，部分学校的学前教育评价主要侧重于总结性评价，忽视了形成性评价、诊断性评价的作用，不能恰当地对学生的学习行为、学习态度、学习能力和创新精神等做出评价。在评价对象上，主要针对的是学生，对实践课程设置的合理性、指导教师的业务水平等方面很少进行评价，从而影响到学前教育专业实践教学质量的提高。

3."校—园"合作不紧密

目前，促进校企合作的政策相继出台，各地的学校开始积极开展校企合作。但调查发现，这些合作大多不够深入，尤其是在教学实习、顶岗实习和实训基地建设方面存在不足之处。

（1）教学实习安排不明确，实效性差

在实践中，应积极推行认知实习、跟岗实习、顶岗实习等多种实习方式，完善以育人为目标的实习实训考核评价体系。

教学实习是对顶岗实习的准备和铺垫，从教学实习到顶岗实习是层层递进、逐步深入的过程，对学生认识和适应幼儿园教育工作具有重要作用。大多数学校因办学规模大、学生多，在学生实习开展方面压力过大，往往缺乏教学实习环节，或将教学实习与顶岗实习合并安排，实践上缺乏持续性与渐进性，导致学校教育与幼儿园工作实践脱节。

不仅教学实习安排不及时，实习过程也存在安排不合理的现象。调查显示，实习期间，部分学校对实习任务规定不明确，考核标准单一，过程性指导缺失，导致学生在实习过程中角色定位不科学，岗位安排不合理。其中，部分学生只能做一个观察者，或成了单纯的劳动力；另一部分则一开始就担任班主任职位，进行班级管理和课堂教学。这都是安排实习前学校与幼儿园缺乏沟通、没有制定详细的实习方案、对实习学生的岗位定位不准造成的。

另外，部分学校也缺乏在实习中对学生的过程性考核与跟踪指导。调查发现，只有少数学校会在学生实习前给学生发放实习实训手册，要求学生定期总结实习收获，幼儿园也要给出评价，但是大多数学校则没有明确的实习考核与评价标准，毕业前只要提交实习单位盖章的评语就能轻松过关。在实习期间，也没有专门负责实习的教师进行跟踪指导，从而缺乏对实习学生的有效管理。以上问题会导致学生实习的实效性差，影响其长远发展。

（2）顶岗实习方面存在的问题

顶岗实习是学前教育专业人才培养工作的重点环节，而当前学前教育专业顶岗实习中存在着诸多问题，影响着学生的专业成长。

第一，实习学生层面存在的问题，主要表现在以下几方面。

①顶岗实习学生的适应能力不强。学前教育专业学生在顶岗实习期间，不仅要在专业发展方面获得成长，还要适应社会角色，完成由受教育者（学生）向教育者（教师）的角色转换。接受实习单位的理念，融入实习单位集体中，这是实习学生的重要学习内容，有助于提高学生对岗位的适应性。

虽然大部分顶岗实习学生在实习中自我情绪调节状况较好，能够维持较好的人际关系，有一定的问题解决能力，但只有较少学生能够很好地完成从学生到教师的角色转变，而专业技能提升、课堂管理、课堂教学、人际交往、生活适应等问题是顶岗实习学生压力的主要来源。指导教师要及时对顶岗实习学生进行心理疏导，让学生认识到工作的价值，明确顶岗实习的意义，全身心地投入顶岗实习的工作当中，以积极健康的心态面对工作，更快地适应工作。

②顶岗实习学生的职业素养不高。以《幼儿园教师专业标准（试行）》中对教师能力的要求为基础，对顶岗实习学生的六项基本能力表现进行评价，可以发现对于大多数顶岗实习学生来说，在偏向技能的"环境创设与利用"，以及与保教活动直接相关的"教育活动的计划与实施""一日生活的组织与保育""游戏活动的支持与引导"等四项技能上表现较好，具备一定的专业素养，但在与教学活动的主体，即幼儿直接相关的"与幼儿的互动与支持""对幼儿的观察与评价能力"两个方面表现欠佳，职业素养有待进一步提升。《幼儿园教师专业标准（试行）》的基本理念是师德为先、幼儿为本、能力为重和终身学习。顶岗实习中的教育任务既有理论知识的学习，又有实践技能的培养，需要学生把学前教育理论与保教实践相结合，突出保教实践能力。顶岗实习学生应遵循幼儿成长规律，提升保教工作的专业化水平，坚持实践与反思，不断提高专业能力；学习先进学前教育理论，了解国内外学前教育改革发展的经验与做法，优化知识结构，提高文化素养，增强持续发展的意识和能力，不断提升自己；提高针对儿童激励与评价等方面的基本专业能力，能根据幼儿的特点和需求给予调整和指导；开展助力和支持幼儿成长发展的主题活动，引导幼儿在游戏活动中获得多方面的发展。

第二，顶岗实习幼儿园层面存在的问题，主要表现在以下几方面。

①校内外教师教学指导力度不足。当前部分学校主要采用双导师制的运行管理方式，即对实习学生的指导由校内外指导教师共同承担，共同培养实习学生的实践能力和综合素质。从校内外教师对实习学生的指导内容来看，学生亟需提升的能力与学生接受过的指导在"对幼儿的观察与评价""人际沟通技能""与幼

儿互动的技能""班级管理技能"以及"环境创设技能"等方面有较大的出入，表明实习指导教师并没有完全了解实习学生的能力提升需要，仅根据个人判断或者工作需要对学生进行指导。从校内外指导教师对学生的指导频率和指导效果来看，指导频率多为一周一次或一周两次，随时指导的占比不高。

以上均表明校内外教师在实习指导方面的指导力度不够，为提高学生顶岗实习质量，应该积极反思问题所在，强化对顶岗实习学生的指导。学校要加强校内指导师资建设，提升指导质量。可以组织校内教学水平高、经验丰富和指导能力强的教师，组成专职顶岗实习指导教师队伍，及时了解学生的实习动态、心理变化，有针对性地提出合理化建议，同时敦促学生严格遵守所在实习幼儿园的相关规定，协调实习学生和校外指导教师的关系。

②对实习学生缺乏足够的人文关怀。在对部分学校学生顶岗实习现状进行调研的过程中发现，对实习学生缺少足够的人文关怀也是较为突出的一个问题。实习学生第一次来到陌生的环境参加顶岗实习，也是初次步入社会的尝试，因为大多数学生的心理状态尚未成熟，所以需要顶岗实习幼儿园对其进行人文关怀，从而帮助他们更好地适应和融入环境。但是从实际情况来看，大多数幼儿园对于实习学生还缺乏足够的人文关怀，在生活和工作方面对学生的照顾也存在不足之处，这就使得一些学生在实习过程中出现了一些不适应的情况，从而影响到了实习效果。

③幼儿园对顶岗实习学生的管理机制不完善，这一问题主要表现在以下几个方面。

一是管理计划单一。实习学生作为幼儿园顶岗实习活动的中心角色，对于幼儿园在顶岗实习学生管理的合理性上拥有一定的发言权。通过对幼儿园实习任务安排的合理性进行调研，可以发现部分幼儿园在期初规划实习任务是不合理的。当幼儿园在期初进行管理计划制订时，会着重规划实习学生的实习任务，并融入具有本园特色的实习管理制度。为了探究期初管理计划中的不合理之处，需要对幼儿园的任务安排以及计划的制订、落实方面进行相关调研。调查发现，部分幼儿园在对顶岗实习学生管理的期初计划阶段主要存在管理计划单一的问题，具体表现在以下三方面：对于实习学生的真实需求考虑得不够全面和系统，出发点偏重于幼儿园需要实习学生为幼儿园做什么，而非实习学生需要在幼儿园学习什么；部分幼儿园在管理初期为了方便操作，会以幼儿园原有的、易操作的制度为先，内容上偏陈旧和固化，缺乏新颖性、适宜性以及系统性；计划制订者往往并不一定是过程实施者，在期初计划制订时，并未做到实习管理者、指导教师、实习者本人三方协同一体。

二是管理实施欠缺。实习学生进入幼儿园，在了解了实习计划后会同指导教师结对，真正将实习内容落到实处的操作者是园部安排的指导教师，其指导方式、指导内容、指导态度以及指导能力等都直接影响着实习学生在园顶岗实习的效果。

首先，通过对指导内容进行调研，发现大多数指导教师偏重的指导内容与期初的实习大纲相匹配，响应程度较高的是"幼儿心理知识""幼儿安全问题"以及"工作细节"，与期初任务安排中的"配班工作""活动设计与组织""教研工作"相对应。期初计划并未考虑到的内容在实施中也鲜有体现，如在幼儿园中的家园共育环节，更多的是主班教师与家长进行沟通交流，配班教师起到辅助作用。大多数幼儿园在一开始制订管理计划时不会列入这一项，所以在具体管理实施过程中，指导教师就不会侧重于人际关系处理的工作内容指导。其次，指导教师的指导方式与实习学生学习方式的磨合度也会影响具体的实习效果。

总的来讲，部分幼儿园在对顶岗实习学生进行管理的实施阶段主要存在管理实施欠缺的问题，具体表现在以下三方面：首先，实施阶段侧重的是指导教师对实习学生实践能力方面的培养。对于幼儿园给出的管理计划，指导教师并不一定能够在此基础上有针对性地、灵活地调整出贴合实际的带教计划。其次，千篇一律的带教模式使得带教计划中的指导内容、方式、频率等不一定适用于指导教师本人，更不一定适用于所有实习学生。最后，实施过程中部分指导教师和实习学生存在着应付敷衍的态度，是否真正实施、实施效率如何都有待考究。

三是管理评估片面。通过对实习学生顶岗实习成绩的评定，能够在一定程度上反映出幼儿园对顶岗实习学生管理的效果，基于此，幼儿园能更好地认识到自身在管理上的问题和不足，从而不断解决问题、促进高效管理水平的提升。部分幼儿园在对顶岗实习学生管理的效果评估阶段主要存在管理评估片面的问题，具体表现在以下三方面：首先，期初计划内容设定单一，导致实习管理实施过程中有所欠缺，从而影响了实习的效果评估的全面性。其次，效果评估仍旧以幼儿园实习教师的打分为主，缺少多元化的评估主体以及多维度的评估方式。最后，评估内容局限于学生在顶岗实习过程中的集体教学活动表现和配班工作态度，忽视了幼师工作所必需的其他要素，体现不出幼儿园对顶岗实习学生评估的实效。

四是管理反馈阻塞。无论是在顶岗实习的前中期，还是接近尾声的实习最后阶段，发现问题和反映问题都是对顶岗实习管理的一种诊断，也是推动幼儿园对顶岗实习学生管理创新改革的有效方式。

调查发现，部分幼儿园在对顶岗实习学生管理的结果反馈阶段主要存在管理反馈阻塞的问题，具体表现在以下三方面：首先，问题的反馈形式受限，实习学生只能反馈给指导教师，指导教师也只能一级一级反映至分管领导，上传下达不通畅。其次，部分实习学生和指导教师存在着"多一事不如少一事"的心理，认为即使反映问题也并不一定能起到改善实习状况的作用。最后，问题的反馈渠道无法做到公开透明且便捷高效，实习学生反馈的问题不一定能够及时有效地得到妥善处理。

第三，学校层面所存在的问题，主要表现在以下几方面。

①顶岗实习准备工作不充分。顶岗实习前的准备工作是保证实习顺利实施的关键环节。在顶岗实习之前，学校应做好以下准备工作：积极召开实习前动员大会，邀请优秀毕业生回校分享经验，制订实习指导手册；联系考察实习合作单位，举行双向选择招聘会，签订实习协议，确定顶岗实习期间的工作内容、工作时间、工作待遇等，明确分工，确定各自的责任、权利和义务；划分实习小组并安排学生和园长面对面交流沟通，进行实习单位情况统计等。作为顶岗实习主体的学生要在学校所做的准备工作的基础上，增进对顶岗实习工作的认识和了解，深入理解和体会实习的目标、任务、要求以及其他相关制度等，做好清晰的实习规划和充分的实习准备。然而，通过对部分学校的实习学生进行相关信息的统计可以发现，虽然大部分学生对于实习的目标、任务、要求及规章制度有一定的了解，但仍有小部分学生不了解上述信息。并且从实习规划和为实习所做的准备情况来看，只有少数学生具有清晰明确的实习预期及规划，为顶岗实习做了充分的学习和准备，而大多数学生职业规划不清晰，抱着"去了再学"的心理，实习准备工作做得不充分。已有研究发现，实习学生的心理准备不足是消极学习心理产生的重要原因。因此，学校要加强对学生实习心理准备的动员和引导，帮助学生更好地适应顶岗实习工作。

②顶岗实习组织与管理不严密。就部分学校和幼儿园对顶岗实习学生的管理情况来看，超过半数的学生认为学校应该提升"学生能力提升管理""实习准备管理""实习教学管理""学习指导管理"等方面的管理水平，表明大多数学校的顶岗实习组织与管理不严密，还有较大的提升和改进空间。

学校管理者很多时候只注重升学率，对顶岗实习没有很全面的规划，很容易出现任务不细化、不明确，时间不充分和不系统的现象。再加上很多幼儿园管理者把顶岗实习的学生当成临时替代教师，尤其是在一些私立幼儿园，年轻教师比例教大，面临很多教师休产假的情况，这时候顶岗实习学生的出现就很轻松地解决了教师少这个问题。因此，幼儿园没有更多的指导教师来对顶岗实习学生进行管理和指导，他们忙于日常工作，忽略了实习学生来实习的目的和要求。在学生参加实习之前，学校应该安排好相关事宜：一是提前和实习幼儿园进行沟通，安排好实习学生的生活环境；二是指导教师要做好实习学生的心理辅导工作，使他们尽快完成从学生到教师的角色转变；三是指导教师在顶岗实习过程中要帮助学生解决人际交流的困惑；四是幼师的职业道德应更被重视，只有发自内心地愿意从事幼教事业，才能把工作做好。因此，学校管理者要提前开设针对顶岗实习学生职业道德教育的相关课程，让实习学生热爱幼教工作，顺利完成顶岗实习工作，尽早成为一名优秀的幼儿园教师。

（3）实训基地欠缺，实训效果差

学前教育专业实践教学主要依赖学校内部的实训基地，需要完善的教育教学设施作为支撑。学前教育专业校内外实训基地建设在资金、教学、平台、管理等方面仍面临诸多问题，下面将做具体分析。

第一，实训基地建设资金投入不足，无法改善实训条件。当前"校—园"合作背景下，实训基地面临"两单一小"的困境，即实训基地建设资金投入主体单一、投资渠道单一、投资力度较小，这正是校外实训基地建设资金方面所面临的最大困境。首先，当前学前教育专业校外实训基地多为民办性质幼儿园，无法向政府申请更多投资资金，因此校外实训基地建设的主体大多仍为幼儿园自身，资金投入主体较为单一；其次，目前由于政策所限，在一些地区的学前教育专业校外实训基地建设的资金投入方面，政府支持力度较小，社会支持度也较低。同时实训基地由于面临"两单一小"的困境，存在资金不足，无法及时改善实训条件、推动实训基地发展的问题。

第二，实训基地教学体系建设不健全，无法满足学生的实训需求。"校—园"合作背景下，学生参与校外实训时，校外实训教师通常只采用参观教学法、直接讲述和学生自主学习的方法进行教学。参观教学法一般是由教师指导和讲解，要求学生参观学习，这种方法是学生在校外实习时，校外实训教师最常采用的方法之一。虽然相对于讲授法，这种方法具有视觉学习的效果，但在这一实训教学方式下，学生只能靠"眼"和"耳"展开学习，即只能看和听，而不能依靠"手"的操作，也始终得不到实践练习。学生自主学习法则是依靠学生自身的综合能力对问题进行探索，这种学习方式有利于调动学生实训学习的主动性。虽然自主学习的方法有利于激发学生的学习兴趣，但大多数学校的学前教育专业学生综合实践能力普遍较弱，这种自主学习方法的使用，很难让学生在短期的校外实训过程中取得显著学习成效。因此,实训教师还是应结合学生的真实情况,做到因材施教。

第三,实训教学平台建设不全面。学前教育专业学生除了需要掌握基本的弹、跳、画、唱、说等专业技能,还应掌握与幼儿沟通、观察幼儿、组织幼儿游戏等方面的能力,因此要建立相应的微格教室、幼儿心理活动室、幼儿行为观察室、幼儿游戏实训室、蒙台梭利教育实验室与奥尔夫音乐室等基础设施教室,以满足学生实训需求。目前与学前教育专业合作的校外实训基地多为中型民办性质的幼儿园,规模较小,部分校外实训基地建设条件不佳,因此存在实训室建设不完备、实训设备缺乏的问题。校外实训基地建设条件不佳,容易导致成校外实训基地建设无法有效与校内实训基地建设的缺失形成资源互补。"巧妇难为无米之炊",校内外实训教学平台建设的不完善,既可能会降低实训教师的教学质量,也无法满足学生校外实训需求。

第四,实训基地建设管理制度不完善,无法推动实训基地良好运行。"校—园"合作背景下,一些学校的学前教育专业校外实训基地建设在管理方面尚未成熟,未能及时构建起系统化的管理体制,从而影响了实训基地的运行。

①管理规章制度不完善。"校—园"合作背景下,学前教育专业校外实训基地建设主要包括绘画室、手工室、幼儿观察室等诸多实训场所。当前与各级学校合作的多数校外实训基地,即幼儿园并未意识到管理规章制度的建立与张贴的重要性。由此,足以看出校外实训基地,即幼儿园对这方面并不重视。在幼儿园手工室内,一些学校的学前教育专业学生在校外实训时(以实习为例)会开设折叠纸藤花、制作丝网花等手工课,也会在课堂上教小朋友这些手工,锻炼小朋友的动手能力。但由于管理规章制度的缺失,部分学生在校外进行手工实践时,对手工室只是简单地进行使用,并不能及时做到使用后对材料进行及时清点与维护,也不会自觉清扫手工实践后留下的垃圾,而是完全依靠幼儿园保洁阿姨或幼儿园教师去处理。管理规章制度的缺失与园内管理人员的不重视,导致管理规章制度上有关实训基地管理的要求无法有效落实,不利于学生养成爱护环境的良好习惯,同时也加重了其他人员(幼儿园保洁阿姨或幼儿园教师)的工作负担。

②实训场地管理不规范。经调查得知,"校—园"合作背景下大部分学校的学前教育专业校外实训基地均设立在幼儿园内部。但基于"校—园"合作的背景条件,这些校外实训基地多数未能充分利用实训场地,未能发挥其教学与实践的功能。一些学生在访谈中指出,在幼儿园见习期间,只能进行"静态"实践活动,如在教室观察幼儿活动,在舞蹈房观察幼儿园教师教小朋友跳舞等。在实习期间,一些幼儿园的实训场地在周一至周五,除幼儿上课使用外,一般都不会对外开放,

实习学生无法及时进入实训场地进行自主实践学习。此外，部分校外实训基地对实训场地的使用以及设备和材料的维护、环境的清洁等问题未能做出统筹规划与管理，而实训设备的缺失与老旧则无法调动学生实践练习的积极性，容易导致学生态度消极，学习松散，不利于学前教育专业学生校外实践技能的训练。

（四）质量保障方面存在的问题

1. 实践教学监控力度不足

在学前教育专业实践教学方面，见习、实习课表没有完全进入统一管理，受各种客观因素影响，见习、实习教学规范管理难度大。在见习、实习教学方面存在时间不统一，场地复杂，教学设施条件有限，教学内容、教学方法、教学手段、教学过程、教学评判复杂等问题，与理论课教学相比，监控难度更大。可以说，大多数学校对见习、实习教学的监控，包括评价标准、教学规范、教学管理等，还有一定的不足之处。

2. 外部评价调研有效性差

毕业生、用人单位、专业评价机构组织是学前教育专业人才培养的主要外部评价主体。目前只有学工层面对毕业生进行跟踪反馈，形式较为单一且未形成长效系统体系，并且用人单位提供的外部评价形式随意，记录不全面也不及时，评价内容过少，评价结果的作用未能充分发挥。

3. 持续改进工作不达标

一些学校的学前教育专业开展了基于培养目标和毕业要求的评价工作，部分评价结果也在相关工作中得到了运用，但总体上评价工作还不够系统、规范，尤其是针对人才培养目标达成情况的评价。保证评价结果用于本专业持续改进的相关制度也不够健全，如在持续改进工作中的责任机构、责任人和改进效果的跟踪措施并未明确到位。此外，基于培养目标、毕业要求、课程目标达成情况和课程合理性评价的结果也未能有效应用于专业相关课程的持续改进中。虽然形成了对培养目标达成度的评价报告，但缺乏针对性，关于持续改进的举措也是泛泛而谈。

就业指导中心发放的毕业生跟踪调查问卷中有关于教学反馈的部分，但问题过于笼统，不具备针对性，无法应用到学前教育专业课程和教学的持续改进中。

4. 学校管理有待完善

（1）学校设施管理不完善

在国家大力发展学校教育的背景下，地方财政加大了对学校教育教学设施设备的经费投入。部分学校在基础设施设备不断完善的同时，对这一块的管理却没有及时跟进。一些学校虽然有钢琴、舞蹈房、美术室、卫生保健实训室等，但课余时间学生很难去练习，主要是因为学校对这一块的设施设备管理还没有制定相应的管理制度。学生有需求，学校有设备，但二者没能紧密联系，因此需要学校加强对这一块的管理。比如启用专人专项负责场地及设施的机制，班主任负责督促。一方面可以激发学前教育专业教师配合学校工作的积极性，另一方面也能给学生提供充足的训练机会。

（2）思政教育体系不健全

大多数学前教育专业学生在刚进校时，对世界的看法和对专业的理解都还处于一个稚嫩的阶段，学校不仅要帮助学生成长为一名合格的幼师，还要加强对学生思想价值观的教育，使他们形成对事物的正确认识。

思想价值观对人的影响深远且长久，学生毕业之后的职业稳定性、职业选择、学历的提升以及待人接物等都与之息息相关。因此，学校尤其要注意思想政治教育。

一些学校除了不定期开展思政教育讲座，在其他方面很少开展整体思政教育。一些学校思政活动的开展主要由校团委负责，校团委每年在学校各个年级抽选不到 8% 的学生充当志愿者，每次有关思政方面的活动都是校团委成员参加，对比全体在校生数量来看，大多数学生受思政教育的影响较小。校园的整体环境，如公告栏、横幅、大标语等虽有所利用，但在部分学校中并未形成良好的思政教育氛围。

（3）教育教学管理松散

教育政策为学校管理和育人提供了明确的方向，犹如指路明灯，并且也能为学校具体的管理提供一定的借鉴作用，帮助协调学校的内外部关系。但教育政策往往与学校管理存在着一定的错位，有些学校对教育改革的态度是不紧不慢、松松散散的，很难进一步推进，对政策的实施也全凭校领导的智慧和管理水平。

教师的工作积极性很大程度上受学校管理方式和领导方式的影响。因为部分教师并没有来自学生学业成绩的压力，也没有来自家长和社会的有效监督，所以国家对学校发展的相关政策指导运用到实践中，实践并不一定能跟得上，导致虽然理念上重视教学质量的提高，但实践中依然存在着落后的思想——"知不可为而为"。一些教师存在着教学态度消极的问题，"备、教、批、辅、改"等一系列教学环节简化为只有"教学"，学校对教师教学的管理也是十分松散的，这些都深刻地影响着学生的学习质量。

（五）师资队伍建设方面存在的问题

教师是学校的脊梁，只有优秀的教师才能培养出高素质的学生，学校才能得到长足的发展。培养一支师风优良、专业能力优秀、素质水平高的师资队伍，是学校专业人才培养的重要部分。学前教育专业教师开展教学的目的是为社会培养合格的学前教育从业者。学生未来职业的特殊性要求其具备扎实的理论知识和实践能力，所以学前教育专业教师不仅需要具备专业的学科理论知识，还应该具备一定的学前教育实践能力，而作为"未来教师"的教师，更应该具备优秀的教育教学能力。学前教育专业师资队伍方面主要存在以下几方面的问题。

1. 师资数量不足

结合师生比、学生满意度的调查结果以及和部分毕业生的访谈结果，可以得出当前教师的数量并不能满足实际的教学需求。学前教育专业师资数量不足主要表现在两个方面：一是绝对数量不足，也就是总体数量不足，教师的总体数量不能满足实际教学；二是相对不足，也就是"生师比"比较大。

对于大多数学校而言，出于专业和实习的需要，应该配备更多的教师，并且由于这几年一些学校的招生规模不断扩大，专业教师的需求量也就随之增长了。但是大多数学校的教师数量没有发生明显变化，这导致实习教师工作量大、任务重，教学质量难以保证。首先，教师疲于上课，没有过多时间研究教学内容，对于教学内容了解不透彻，在课堂上对于教学内容的诠释也不够清楚。其次，学前教育课程的专业性非常强，某些看似相似的学科，本质上是有很大区别的，如儿童发展心理学、儿童卫生学等科目，看似相通实则不同。教师并不是万能的，如果教师本身不够专业，对于一些课程的本质和细节把握不清楚，就会导致学生混淆关键性的概念，理论知识掌握不准确。

2. 师德师风建设不足

师者，榜样示范者也。教师在课堂上是否具有积极性，是否表现出认真负责、关爱学生的态度，会影响到每一个学生上课的投入程度。一些学校对教师的教学效果没有形成完善的评价制度。在这类学校里，学生对一门学科的学习效果完全由授课教师自主评价，课程由教师自主决定怎么上，课程最后的考试评价全由任课教师一人完成。整个过程没有其他方参与，学校层面也没有任何的监督举措。对于学生成绩的好坏，即学生对一门学科的掌握程度缺少全面的评价机制。部分学校疏于对教师教学的管理，一些教师不用面临升学、学校以及家长、社会等的压力，一堂课的好坏全凭教师个人的负责程度。在长期缺少监督的情况下，师德师风也是全凭个人，良莠不齐。若是教师长期得不到来自学校的监督、激励以及培训，教师个人的成长将难以与学校的育人目标紧密结合，甚至会背道而驰。

3. 教师知识结构不合理

当前，用人单位不断提高对学前教育专业毕业生综合素质的要求，这就提高了对学校师资水平的要求，尤其在知识结构方面，师资队伍的整体素养存在一定的不足之处，具体表现如下。

首先，教师普遍存在着理论与实践错位的现象。一方面，教师由于长时间从事学校课堂的理论讲解，对于幼教行业的发展变化存在认知的滞后性；另一方面，大部分教师是在教师招聘时招进来的，虽然学校招聘教师不限应届生，但应届生在校园经过更为充分的准备，在录取人员中所占的比例更大。新教师在进校之前没有长时间进入幼儿园一线实践的基础，以至于在课堂上不能紧密联系当前实际。

其次，学校教师在工作过程中，会有"双师型"教师证的需求，这里也有一个问题：学校会根据相关文件组织教师进行其他资格证的培训，教师能够顺利获取"双师型"资格证，但短期的培训往往只是拿了个证，对于幼儿园工作要求的理论知识和实践能力却未能获得。

再次，部分教师在工作上知识更新的速度落后于时代的发展，不能满足当前就业市场对幼师人才的需求。大多数教师的专业知识都是在大学时所学的，进入学校后，岗位培训机会少，知识储备大多没更新，知识背景更呈现出单一化特点。

最后，部分教师难以将所学知识与高质量的教学活动相结合。在一些学校中，有一部分教师有着研究生学历，有一部分教师已评上高级职称，但在听课以及与学生访谈的过程中可以发现，这些有着高学历或高职称的教师，虽然专业知识过硬，但缺乏教育学和心理学的知识基础，在课堂上不能很好地把握学生的生理和心理特征，教学效果总体较差。因此，学校可以建立职业教师与幼儿园深入联动的机制，激励职业教师深入幼儿园学习。学校提供平台，并提供申请进修的培训机会。教师及时更新专业知识，保持对最新专业知识的敏感性，积累文化知识，并且要将教育学、心理学知识运用于日常教育教学中。

4. 教师培训观念滞后

近些年来学校安排培训的教师有国培、省培以及其他考证等外出学习的机会，但机会仍然有限。再加上学校的工作重点倾向于学校声誉的提升，重视"精英教育"，希望通过参加职业技能大赛和文明风采大赛获得证书来提高声誉。所以学校往往是在学生入学时选好能获得奖项的好苗子，进行单独辅导。这种理念确实高效率地提升了学校的声誉，但单纯通过获奖率来判断学校教学质量的好坏，无疑走入了误区。学校教师的教学观念和教学模式存在一定的滞后性。

5. 缺乏"双师型"教师

"双师型"教师是国家针对当代教师提出的一个标准：一方面，教师需要具有本行业或职业应具备的基础理论、基本知识；另一方面，教师需要具有能够从事相关行业或职业岗位的实践能力，同时还应该具有能够清晰地将理论知识、实践能力教授给学生的教学能力。例如，学前教育专业教师在学校是教师，而到了幼儿园则可以在较短期内成为幼儿园教师；计算机专业教师在学校是教师，而在互联网公司则可以快速成为一名信息技术工作者。

实际上，一些学生的学习意志薄弱、学习惰性强，但其好奇心强，喜欢追求新鲜、有趣味的事物。学前教育作为一门实践性非常强的专业，需要更多的"双师型"教师将自己丰富的专业知识和生动有趣的实践经验结合到教学中去，借以激发学生对课堂的兴趣，培养学生的实践活动能力。

部分教师的教学内容缺乏和实践经验的结合，导致教学内容枯燥乏味。一些教师的教学方法单一，导致学生对于课堂的兴趣不高。

部分教师缺乏幼儿园实践经验。学前教育专业的师资队伍中，除了有学前教育专业背景的教师在求学时参与过幼儿园实践，其他大部分教师没有幼儿园实践工作的经验。学前教育专业作为一门实践性、应用性极强的专业，其培养人才的主要方向就是为社会提供合格的学前教育从业人员。对于该专业的教师来说，在教学过程中需要将实践性知识融入理论知识的学习中去，以提升教学活动的专业性以及开放性。教学中的实践知识能够帮助学生建构完整的专业知识体系，进而实现专业技能的提升，保证学生步入工作岗位之后能够胜任学前教育的各项工作内容。学前教育专业学生未来工作的特殊性需要学生在工作之初就能够快速适应工作岗位，所以对实践性要求较高。因此，学前教育专业教师作为"未来教师"的教师，不仅需要具备专业的理论知识和教学能力，还需掌握学前教育相关的专业实践知识。

现阶段，很多幼儿园根据自身实际，以特色化的教育理念作为自己的办学宗旨，如蒙特梭利教育理念、奥尔夫教学理念、华德福教育理念等。幼儿园的师资力量是幼儿园办学的基础力量，幼儿园教师的素质、观念、水平和特长会集中影响到特色化幼儿园的实践效果，而目前一些教师的教学内容中缺乏先进的、特色化的学前教育理念，从而降低了学生的学习兴趣，影响了教学质量。因此，学前教育专业的教师需要向学生传递先进的、特色化的学前教育理念和方法，从而适应学前教育特色化发展趋势，进而实现学生专业技能的全面提升，保证学生步入工作岗位之后能够满足社会对于学前教育工作者的多样化需求。

二、学前教育专业人才培养存在问题的原因

对于目前学前教育专业人才培养中存在的相关问题，可以以人才培养目标、课程设置、实践教学、质量保障、师资队伍建设五方面为主要入手点，由点到面、深入浅出地进行原因分析。

（一）人才培养目标方面

1.目标定位及分解层次不清晰

一般来讲，学校专业建设要按照"以学前教育为主、小学教育为辅、儿童服务相关专业为支撑"的专业布局定位，进一步完善学前教育专业群，把学前教育专业群"做大、做优、做强、做特"，打造特色优质品牌，力争成为国家高水平专业群建设项目。一些学校的学前教育专业在制订人才培养目标时，未充分考虑到学校对专业建设要求的整体把控，对传统专业和特色专业的认识不深刻，在制订建设方案和培养目标时定位不清、分解层次不清。

俗话说："少年强，则国强。"各级学校每年为国家和社会提供大量的优秀工作者，学生是确保国家发展进步的主体。那么在落实教育工作时，就要结合国家具体情况，填补社会中的职业缺口，避免出现就业难、招工难的尴尬局面。针对专业人才培养问题，如果没有将其与社会需求充分结合，或者没有建立健全一套符合自身发展的教育体系，不能做到以认真负责的态度对待每一项教育环节，那么学校必然无法培养出有价值的学生，学生毕业后无法顺利在社会中就业，学校也就无法履行好促进国家发展的义务。究其原因，最主要的还是部分学校对自身功能定位和专业建设的目标把握不准、认识不到位。只有专业和市场紧密相连、彼此作用，才能真正实现学校与市场具体模式的结合。

市场是指进行商品交换的场所及其交换关系的总和。基于各级学校专业建设与市场调控的改革理论与实践方面做出的研究和调查结果可以发现，尽管在目前的教育与市场性的问题上我们已经有了很明确的市场探索方向，也对此进行了大量的研究，但是由于市场的灵活性和新环境的不断变化，目前尚无统一的看法。依照公共管理学中市场导向的理念，学前教育专业定位需要面向社会现实，邀请社会企业多维度参与，根据社会需求、时代背景和自身发展状况来进行。

我国为学前教育专业制定的人才培养目标是德智体美劳全面发展、具备学前教育专业能力和终身发展能力、能够胜任幼儿园等学前教育教学管理机构的相关工作的专业人才，这是国家对学前教育专业人才培养目标的最低标准。仅仅满足最低标准，没有突出学校及专业人才培养特色的目标只能过"及格线"。在当今社会，幼儿园教师需要具备较高的职业素养和专业素养，包括教师个人的沟通能力、应变能力等，钢琴、舞蹈、美术这类专业技能课不能当成"重头戏"，儿童心理学、儿童社会教育、教师的沟通能力等也是学生能否顺利进行工作的重要因素。换言之，闭门造车、关门办学、故步自封的做法，在今天已经无法满足社会需求。

2. 培养目标评价忽略连续性数据的收集

通过对部分学前教育专业教师进行访谈得知，在培养目标制定过程中，理论层面主要参考的是关于教师教育的主要国家政策文件、学校发展战略和规划文件；在实践层面，主要依靠学院、学校和社会各利益相关方的调查、访谈数据来归纳问题，基于调研结论对培养目标定位进行调整。这些数据为培养目标的持续修订提供了一定的参考。然而，这些数据大多是短期调研，没有长期监测的实际验证，也没有使用过程性的动态数据来检查和反思与培养目标定位相关的问题，这在一定程度上影响了培养目标的整体定位和对毕业生毕业后五年左右发展预期的具体定位。

培养目标评价应是一个持续性的过程，目前学前教育专业主要采取问卷、座谈、观察等形式来收集各方利益主体的评价及建议，但以上方式存在随机性和不持续性，收集的数据在一定程度上反映了利益相关主体的想法，但这种想法因为是集中表达，只能代表在那个时间段或者时间点的想法，相对来说具有局限性。因此，考虑到毕业生往往来自全国多个省区市，很难对其进行长期跟踪评价和评估，需要建立适宜的监测和评估机制。

3. 目标评价缺乏合理的机制

通过调查发现，大多数学校的教育制度体系是由其行政部门领导来创建并负责监督的。因此，教师在遵循该教育体系的过程中，可能会出现不公正的情况，会损害一部分教师的权益，造成不良影响。如果继续采用传统的集权式管理方式对学生进行管理，不仅无法满足社会发展需求，也无法真正培养出有价值的人。学校的管理模式局限性较大，制度不够灵活，不利于促进学校教育体系的完善，也不利于社会的发展进步。

在对培养目标的合理性的评价中，学前教育专业的评价机制还不够完善，还没有确立专门的目标合理性评价组织，教师对培养目标评价的主动性有待进一步调动，毕业生、用人单位和各相关利益方定期参与评价的制度不够完善，行业专家的引领性评价参与略少。

4.缺乏准确的专业定位

专业定位是指需要依照学校的办学定位，综合社会对于人才的需求、学校发展的方向，为给专业确定具体目标、发展方向、任务等而进行的一系列活动。学前教育专业的定位是决定人才培养目标和内容的重要因素，在人才培养中起着关键性的作用。

学校的主要任务就是通过设置专业为社会提供人才，想要为社会提供人才首先要明确自己的专业定位，了解该专业应该培养什么样的人才，怎么去培养人才。但是，部分学校在创设学前教育专业的初期就没有找准专业定位。

（1）专业定位偏离行业需求

专业定位与行业需求是密不可分的，学前教育专业定位需要面向社会现实，根据社会需求、时代背景和自身发展状况来进行定位。

为了跟随学前教育发展的步伐，一些学校开始设立学前教育专业，但是由于办学时间短，没有该专业的办学经验，在办学初期缺少足够的前期调研，没有了解社会以及市场对于学前教育专业的人才需求，其专业定位不完全准确，从而没有准确把握住专业内涵、培养目标和培养策略。不了解社会对于学前教育专业的人才需求就没办法进行完善的专业建设，只能无意识地套用老旧的培养模式，从而导致课程结构失衡、师资条件不完善、实训场所不充足。

从针对幼儿园从业人员的相关访谈结果中，我们可以看出来幼儿园管理者在对于幼儿园教师的需求上，并不是单纯地"以技能为重"，在实际工作的开展过程中，还有很多其他的影响因素，包括和家长的沟通能力、活动策划能力、活动执行能力等。当然，这仅仅是幼儿园管理者的部分需求，在实际工作中教师还需要具备更多的应变能力和素质。通过调查部分学校学前教育专业建设中的问题，可以发现该专业毕业生还有很多不适应社会的部分，专业定位不能仅仅满足一时之需、逞一时之快，而要做长远规划，清楚了解"应该培养怎样的人才，未来社会需要怎样的人才"。只有这样才能够找准自身的专业定位，统领学前教育专业人才的培养。

（2）专业定位偏离学校定位

定位理论的主要观点包括以下几个部分：一是使商品或者组织（也可能使其他任何对象）与众不同，有独特的竞争力；二是要有选择性，试图满足所有人的定位必然是不成功的定位；三是成功的定位需要始终保持一致。对于学校来说，想要发展成一所优秀的学校，在学校自身的定位方面也要考虑以上三个部分：一是要使自己与众不同，有不同于其他学校的竞争力，有自己引以为傲的专业和学科；二是要有选择性，不能看到有专业空缺就盲目开设；三是要始终如一，打造出自己的经典的、优秀的"老牌"专业。

首先，随着社会的发展以及市场的变化，学前教育专业在社会上有了一个缺口，于是一些学校开始创办学前教育专业，并慢慢地向综合性院校靠拢。学前教育作为一个新设专业，在这类院校中得不到任何经验上、资金上的支持，师资、设施设备都需要一个新的开始。

其次，学校专业所在的二级院系五花八门，如部分学校的学前教育专业仍以以往的艺术专业为依托，办学依然以技能培养为主要目的。这个现状表明部分学校的学前教育专业的内涵式发展滞后，专业设置标准不符合政府相关规定，缺乏学校支持，导致专业设置任意性较强，学科自身的规范管理问题需引起重视。专业设置初期没有经过完整的规划、专业定位偏离学校办学定位致使这类学校学前教育专业面临师资短缺、实训设备不完善等困境。

如果学校在进行专业设置的时候出现不安于其"位"的问题，盲目升格，就会使得学校丢失原本的优点和特点，变成一所不伦不类的学校，同时也使得专业本身丢失自己的优势。这样的问题产生的后果就是浪费了学校的办学资源，所培育的人才也无法适应社会的发展。各个学校各司其职、各安其位、分层办学，对彰显学校和专业的办学特色及提高其办学水准有很大的益处。因此，一所学校和一个专业要想很好地发展，首先应该明晰学校的特点、专业的特色，将其办成有特色的、能为社会提供优秀人才的学校和专业。

（二）课程设置方面

1.课程内容与实践联结不够紧密

由于部分学校在给学前教育专业设置专业理论课程时，没有充分结合幼儿园五大领域，即健康、语言、社会、科学、艺术的内容，于是出现了课程内容和现实情况不对应的尴尬局面，毕业生无法在实践中运用课程中学到的理论知识。尽管通过丰富学生的学习内容，能够使他们掌握唱、跳、写、画、手工制作等多项技能，但如果不能结合幼儿园五大领域的内容，其教育工作还是不易开展。之所以会出现这样的情况，主要是因为受到了以下三点因素的影响：第一，一些教学资料的内容超纲，对学生来讲，课程内容超出了自己的理解水准，知识无法被完全吸收，这严重挫伤了学生的学习兴趣。第二，教学理论没有顺应时代变化而优化，无法满足幼儿园教学需求。很多幼儿学习课程都没有及时随着社会发展而创新，在针对幼儿园教师的培养过程中，仍然存在很大的进步空间。第三，职前培训没有充分结合现实情况。参与岗前培训，目的就是满足岗位需求，使幼师能够更好地发挥出自己的价值，但很多人对于岗前培训都不够重视，对教育工作造成了不利影响。

2. 通识及艺术课程与专业融合不够彻底

要培养具有厚实素养基础、良好专业能力的幼儿园教师，客观上要求通识教育课程，尤其是艺术课程与学前教育专业之间进行深度融合。但通识教育课程的教师有时无法设身处地地参与专业建设和课程设置，也就无法将文化知识、教师心理教育与幼儿心理教育进行紧密结合。尽管艺术类课程一直在不断进行调整，包括比重的适当降低、课程定位从"基础技能"到"基础素养"、课程内容与实施越来越强调"儿童化"，但艺术类课程还是没有完全改善为适宜幼儿学习的课程内容。这类科目的教师也没能熟悉掌握幼儿对于艺术学习的尺度。教材与专业的学习标准不对应，严重阻碍了教育进程，降低了教师的教学质量，不利于学生专业能力的培养。

3. 课程实施与评价体系不够完善

基于以学生为中心的理念，学前教育专业不断推进课程教学改革，修订各门课程的"学与教的标准"，基于标准制订教学计划、开展教学，不断加大过程性评价在学业评价中的比重，通过多元主体的评价推动教学质量提升，但是此过程中仍存在一些问题。一方面，支撑毕业要求及其达成指标的课程内容模块的评价指标不够系统，面向产出导向的课程目标达成评价体系有待完善；另一方面，在课程评价中学生的主体性地位发挥得不够充分。在授课过程中，学生是接受课程内容的人，所以学生的评价不仅有利于推动课程内容的改善，还在此占据着至关重要的地位。学生可以通过课程评价的方式来说出自己的想法，同时也能借此展现出自己的价值。现有评价模式虽然有学生的参与，但学生的主体性发挥并不到位。

（三）实践教学方面

1. 实践教学培养理念不明晰

观念引导着行为，正确的实践教学理念是保证实践教学效果的前提。如何看待和培养能够从事教育教学、管理等工作的高素质应用型学前教育人才，决定着实践教学的具体内容设置和实施。

学前教育事业发展所需要的是具有反思能力的多元化的专业人才，要求其具备较高的专业实践能力，能够独立开展教学活动，在行动与反思的不断交互中得到职业成长。然而，部分学校学前教育专业的实践教学培养目标在具体落实上可操作性不强。究其原因，主要是制定培养目标时理念不够清晰，定位不够准确。一方面，受传统作业测试考核标准和课堂教学的影响，虽然一些学校根据国家和本地的文件以及国内外学前教育事业发展趋势，制定了加快培养高素质应用型人才的目标，也设置了相应的实践教学环节，但是所提出的方案计划更多的是从外界环境中借鉴而来的，自身的主动性不强，未能系统化地制定符合自身发展的实践教学目标体系。另一方面，这类学校忽视了对市场需求的调研分析，调查不到位，内容同质化严重，更多地是把实践教学作为理论教学的附属，淡化了实践教学的重要性。

2. 实践教学管理机制不健全

受传统实践教学理念的影响，以及自身对市场需求不敏感，使得当下部分学校的学前教育专业实践教学的管理机制还不够完善，对实践教学的过程和效果的监督管理存在不足。对于大多数学校而言，目前学生的实习方式主要有两种，一种是集中到几个学校实习，另一种是回生源地自行联系实习学校。但是由师范院校各系教师带队，采用单一的"集中实习模式"，按专业将学生集中到若干所幼儿园进行实习的实习模式，已经无法适应当下社会和行业对人才的需要。这种传统的实践教学模式会导致师范生在一定程度上存在专业知识知行不能合一、实践能动性较差、实践创新性不足等问题。而回生源地自行联系实习幼儿园的实习方式则不利于教师发挥好指导作用，不利于学校监督管理学生的实习过程和效果。对教师而言，大多数学校和基地并未形成完善的教师激励机制，更多地将实践指导工作看成教学附带的任务。虽然部分学校和基地将教师的实践教学指导工作量折算到总的教学任务里，但折算率偏低，教师所付出的与所得到的并不成正比。实践教学薪酬补助偏低，在职称评定上也无多少优势，这些都影响了教师指导实践教学的积极性。

在教学观摩、实习实训、技能训练等实践教学环节，由于缺少系统化的管理制度，部分课程的实践环节没有独立、完整的实践教学大纲和实践教学计划来整合理论课程，部分实践环节落实不到位。对于其中一些没有明确指出具体实践内容和所要达到的实践效果的理论课程，也未配备配套的实践教学指导说明书。由于管理制度不完善，各实践环节落实不到位，实践教学难以有效开展。此外，受重理论、轻实践的传统教育观念的影响，部分学校的学前教育专业实践教学缺乏相对完整的、能体现实践教学特点的评价体系。

首先，在评价内容上，评价指标不完善，过于片面化。在评价指标上创新性不足，受限于过往沿用的评价指标内容，不能及时、主动改进和丰富评价指标内容，导致对学生实践教育的考核评价过于简单，部分还停留在对基本知识和基本技能的运用掌握上，对影响学生未来职业发展的情感、态度等综合素质方面并未给予同样的重视。

其次，在评价方法上，缺乏客观性和全面性。目前，许多实践教学环节实施效果的评价更多地采用终结性评价，其作为一种事后评价，一般发生在实践教学任务结束后，目的主要是了解教学活动的实施效果，但实际上对学生在整个实践教学过程中的综合表现很难完全涉及，不利于学生反思和改进自己的实践过程。此外，由于监督管理制度的缺失，现行评价方法还存在一定程度的主观性、片面性和不规范性。

最后，在丰富评价主体和评价对象方面，未按要求执行。受传统教育教学模式的影响，学生很难掌握评价的主动权。此外，评价体系更多地建立在校内而忽视了校外社会因素的综合评价，用人单位、社会参与评价实践教学质量的制度并不健全。在评价对象上，一些学校并没有建立切实可行的规章制度来对实践课程设置、教师指导效果进行全面考核和评价，这使得学校无法了解当下实践课程的设置是否恰当、指导教师开展实践教学指导是否有效，导致部分实践课程设置不合理、部分教师指导不力、实践教学成效验收方式创新性不足。

3.顶岗实习有待进一步优化

（1）学生对顶岗实习认知不足

顶岗实习学生实习准备工作不充分、适应能力差、职业素养不高等问题与学生对顶岗实习认知不足有很大关系。一方面，大多数学生由于缺乏一定的社会经验，在思想观念、个性特征、心智等方面发展不够成熟；另一方面，一些学生的学习兴趣和学习动机不强，学习目标不够明确。这些因素直接影响了学生的理论学习水准，从而导致在顶岗实习时理论知识不明晰的情况。再加上部分学校主要采用传统的教学方法，学生学习理论知识时以简单的诵读、机械识记为主，缺乏高水平的思维和深度的思考，难以对所学知识进行整合。以上与生源质量相关的问题直接导致了学前教育专业学生职业素养不高，难以达到合格教师的标准。

部分学生对顶岗实习的认识不够成熟，大多把顶岗实习看作非正式工作，有些学生在参加顶岗实习后还以学生的身份自处，没有把自己当作一名合格的幼儿园教师来严格要求，错过了宝贵的成长机会。很多实习学生甚至只是为了完成学校要求的实习报告，取得一个实习成绩，最终顺利获得毕业证书，而没有对未来职业的规划。

（2）幼儿园对顶岗实习缺乏足够的重视

部分幼儿园对实习学生的指导不足。之所以出现这样的情况，是因为幼儿园对顶岗实习工作的认识程度及重视程度不够，许多幼儿园没有为顶岗实习学生制订系统、完善的顶岗实习指导计划。学前教育专业学生基本是在民办幼儿园实习的，但由于对顶岗实习政策理解程度不深，有些园长和幼儿园教师不清楚顶岗实习的目的是什么，有的园长则把顶岗实习等同于就业，认为顶岗实习学生的工作量应与正式教师的工作量是一样的。一些幼儿园之所以没有对顶岗实习学生进行有效的指导，是因为没有从认识上搞清楚学生的实习任务及实习角色，使得本应该去幼儿园学习和历练的实习学生，变成了园内的"专家"，反过来去指导幼儿园教师的专业发展。还有一些幼儿园接收实习学生是出于自身发展的需要，实习学生充当了"顶岗置换"的角色。只不过这里的"顶岗置换"不是为了促进一线教师的职后培训，而是为了解决自身缺少教师的危机，在这种情况下，幼儿园指导教师对实习学生的指导效果可想而知。

由于缺少具体规章制度的要求与约束，实习学生的指导还不够系统和规范。大部分幼儿园没有制定针对顶岗实习具体工作的系统而全面的考核标准，大多数是以分数或等级来评定，并且为了让学生顺利毕业，给出的成绩都是优秀或良好，并没有太关注实习学生在整个实习过程中的成长和变化。此外，一些幼儿园还认为，实习学生刚刚离开学校，缺乏实践经验，因此对实习学生的能力持怀疑态度，并不会把重要工作安排给他们负责。大部分时候，实习学生都是做着基本的保育工作，很少能参与幼儿园及班级的核心工作，因此大多数实习学生并没有获得实际的教育经验，只是完成了低效的顶岗实习任务。

（3）学校缺乏完善的顶岗实习协调管理机制

学校缺乏完善的顶岗实习协调管理机制是导致现阶段顶岗组织与管理不严密

的重要原因。从学生的顶岗实习表现及学校的顶岗实习管理两个层面暴露的问题来看，部分学校职前培养与幼儿园教学实践相脱节，主要表现为实习学生对幼儿身心发展特点的理解与认识不够，不能与幼儿实现有效的互动，难以客观地观察与评价幼儿。例如，在顶岗实习中，学生由于不了解幼儿的行为动机，不能很好地管理课堂秩序，自己也不能很好地起到一个组织管理者的作用，与自己以前的教育设想存在很大的偏差，很容易产生挫败感和心理落差。

之所以产生这类问题，主要有两方面原因。一方面，虽然一些学校为提高学生的实践能力，投资建设了很多学前教育技能实训基地，但由于缺乏真实的实践场景和空间，学生学到的知识和技能只能在模拟的教学场景中运用，学校在实践能力方面的培养优势未能凸显。学校没有在实训教学的过程中根据学生的具体情况为其分配相应的岗位，不能让学生真正从实习过程中获得教育经验，没有让学生更好地掌握幼教理念以及端正学习和工作态度，从而未能实现提高职业素养的目的。另一方面，通过调查了解到一些学校的培养方案、课程设置、教学内容、第二课堂等相关课程与活动的开展以理论教学为主，学生参与幼儿园教育教学实践的机会较少，且很少有机会进入幼儿园观察幼儿以及与幼儿进行积极友好的互动。以上问题导致部分学校的职前培养与幼儿园教学实践活动相脱节，给实习学生在适应幼儿园及实践操作等方面带来了不少困扰，使得实习质量大打折扣。此外，随着学前教育专业的扩招，师生比例失调，一名教师往往需要同时指导十几名学生，不能做到有针对性地对学生进行个性化指导，只能片面地解决一些共性问题，指导力度不够。

4. 实践教学基地建设科学性不足

实践教学离不开特定的实践教学基地。实践教学基地建设是提高学生实践能力和推动实践教学改革和发展的根本保障。由于学校对实践教学基地缺乏科学、系统的建设规划和管理，校内实践教学基地建设出现部分艺术技能训练室使用效率低、教学技能实验室建设不足等问题，不利于学生专业技能的提升以及综合实践能力的提高。

同时，对校外实践教学基地缺乏科学建设。虽然一些学校与多所幼儿园签订了合作协议，但其合作的项目大多停留在教学方面，科学研究方面的还比较少，根本谈不上深入合作。一些学校仅仅考虑让幼儿园为自己服务，而没有给幼儿园带来学校方面的教育资源，所谓实践教学基地，被简单理解成了实习基地，共享共建教学资源的合作机制并未形成。学校大多从人才培养方案、教学计划等角度出发，对幼儿园基地自身的发展建设，如科研水平的提升、课程体系的建构、教育教学方法的变革等方面却未能发挥有效的支持、帮助和指导作用。幼儿园基地作为被动的一方，难以产生作为建设主体的积极性，参与的主动性也不够强，使得基地在教师培训、教师校本研修等培养服务功能上未能充分发挥其作用。

（四）质量保障方面

1. 教学质量保障体系尚待建设

质量和保障制度是一套庞大细致的工程。截至目前，一些学校已陆续出台多种教学管理制度，涉及教学各个环节，几乎包含了所有的教育项目。但在现实情况下，落实工作却并不是那么轻易就能完成的。

虽然一些学校的教师和学生也会通过座谈会、党代会等方式参与到学校的管理过程中来，但这种参与太过微弱，并不能对学校产生决定性意见，所以实际上很难在学校管理中起到作用。有些教师和学生观念陈旧，传统观念中自上而下的决策理念使他们认为制度的制定与自己关系不大，没有参与感，面对课程成绩考核中繁复的过程性评价，难以积极配合，评价性工作完成情况不佳。

客观上来说，作为教学管理重难点的教育实习环节，由于在校外开展分散实习，学校方面难以对全体学生进行全程有效的管理和监控。

2. 评价未形成常态化机制

通过查阅相关材料和走访相关处室负责人，笔者发现，学校内部定期开展了校级教学质量评价，学前教育专业也在系部组织了学习和落实，制定了相关评价机制，但评价机制的落实情况与学校要求有所差距。

在外部评价中，学校和系部与各地教育局、协同培养幼儿园和实践基地幼儿园建立了协同培养关系，在人才培养质量和教学质量评价上做到了多利益相关方主体参与。虽然在完善专业人才培养计划时，沿用了一些权威人士给出的有关毕业要求、课程设置、教学内容等方面的意见和建议，调查他们对毕业生质量的认同度，但却没有形成常态化机制。

3. 缺少数据和人员支持

校内外综合评价结果没有成为推动专业培养质量改进和提高的外部能量，流于形式，难以落地。未成立专门的质量保障中心，没有专人负责监控质量保障运行，教学质量评价和考核工作由教务处兼任，人员不足导致工作难以推进。

教学基本状态数据监测不完善，教学基本状态数据采集、数据分析、结果应用等工作开展较慢，教学数据未发挥有效的监测和帮助决策作用。

（五）师资队伍建设方面

1.教师培训管理制度不健全

教师的教学能力好坏与其教学质量的高低有很大的关系。教师只有自发地学习，才能提高自己的教学能力，才能为学生提供优质的教学内容。这不仅需要教师自身积极进步，更需要良好的培训管理制度进行有效渗透。教师培训管理制度的不健全主要表现在以下方面。

首先，学前教育专业的大多数教师并不是师范专业毕业的，而是舞蹈、钢琴、美术等技能类的教师，没有经过专业的教育学科知识训练。教师的主要任务是教学，其接受的培训内容包括教育学、管理学、心理学，以及先进的教学技术、前沿的教育理念等各个方面，所以需要不断进行考核和培训，加强岗前培训以及教学过程中的继续教育。

其次，很多教师对于学前教育专业的就业方向以及工作内容也不够了解，对于学前教育专业对应的职业认识不足。学前教育专业教师要对学生将来的工作内容与工作性质有一定的了解，才能更好地传授知识。由于时代发展和政策要求，学前教育专业不断增加招生数量，学生数量增加就需要更多的教师。在这个发展趋势下，越来越多的青年教师也参与到了学前教育专业的教学行列之中，但他们由于缺乏经验，没有办法在短时间内迅速适应教学实践的要求。青年教师的理论知识很扎实，但没有办法短时间内将其转化成实践能力，所以就需要借助外力，在培训的过程中加强对于学前教育专业知识以及职业知识和能力的培训。

不管是新任的青年教师，还是教师队伍中的音乐教师、美术教师或者舞蹈教师，他们都是学前教育专业发展的主要力量之一，是学校教学工作顺利进行的关键要素。因此，学校需要重视对这些教师的管理、培训教育工作，让他们的实践能力、职业修养、教学水平能够得到快速发展。

此外，学校需要健全自己的管理制度、完善教师培训制度，为教师提升自身的素质与专业能力创造机会。可以从原有的师资队伍中挑选实践经验丰富、教学能力优秀的教师作为新任教师以及音乐、美术等艺术专业教师的指导教师。多方的培训能够使得这些教师更快地适应工作岗位，不断完善自身的能力水平，为学前教育专业的发展和进步创造价值。

2. 资金投入不足

众所周知，资金就是一所学校生存的命脉，只有得到足够的资金支持，学校才能得到持续的发展。学前教育作为一个实践性、专业性非常强的专业，其师资队伍的专业性极其关键。社会在不断进步，学前教育专业理念也在不断更新，专业实训设备需要不停地更新换代，而一些学校却没有足够的办学资金投入到各种设施设备之中。师资队伍建设资金投入不足是导致学前教育专业人才培养力量不足最重要的原因之一。

学前教育专业因其教育对象是幼儿，所以具备一定的特殊性。首先，该专业学生应该掌握各种专业知识，如教育学、心理学、解剖学等；其次，他们还需要掌握多种技能，包括舞蹈、美术、唱歌、手工等；最后，他们还要具备各种专业能力，包括活动组织能力、人际沟通能力等。因此，该专业需要开设的专业课程以及需要训练的专业技能特别多，为了保证学生能够掌握更加丰富的知识和专业能力，就需要数量充足的、有经验的教师。

此外，学校人才培养的应用性以及学前教育专业的实践性，需要教师具备能够将理论知识和实践知识相结合的能力。并且，随着社会的发展，学前教育的理念和思想不断地更新迭代，想要学生符合社会的需求，就需要教师及时学习先进的教学理念、教学方法以及教学模式，因此学校需要投入资金来改善在教师的数量和结构上存在的问题，以及教师的培训教育模式。

根据调查，大多数学校都没有能够教授"奥尔夫课"的教师。可见，大部分学校都没有足够的资金聘请校外优秀的兼职教师，或者没有给在职的教师进行关于"奥尔夫音乐教育"的培训。这就使得学校现有的实训设备没有得到良好的应用，学生没办法体验更多的实训项目。

除此之外，教师队伍中不乏一些新任教师、非师范专业教师，他们往往缺乏教师必备的职业道德修养以及学前教育专业需要的实践经验。但是这些教师都是学前教育专业发展中的组成部分，需要学校投入资金推进相关的培训工作，使其获得必备的职业道德修养以及学前教育专业需要的实践经验，从而在教学活动中能够为学生树立良好的榜样、提供专业化的实践指导。

综上所述，师资队伍的发展水平是学校办学水平的重要体现，尤其是对于学前教育这种学生未来的工作环境、工作对象特殊的专业。由于师资队伍结构复杂、专业性要求高，就需要建设一支专业性强的师资队伍。但是这部分的完善需要充足的资金保障。学校在资金方面的投入不充足就会导致教师的专业能力不够，从而导致学生的实践能力不能得到有效提高，在步入岗位之时无法做好工作准备，自身的竞争力不够。从学校层面来看，就是不能够培养出社会所需要的学前教育应用型人才。

第三节　学前教育专业人才培养的挑战

一、教师资格证考试对学前教育专业人才培养的挑战

教师资格证实行国家考试制度（简称"国考"），这一转变有利于提升教师队伍的质量、规范教师考核管理制度。与以往教师资格证考试相比，"国考"对学前教育人才培养提出了新的要求。

第一，从考试性质上看，更注重对综合素质与实践能力的考查。教师资格证"国考"更加注重对具体教学案例设计的考查，让考生有针对性地发现问题、提出问题，进而解决问题，面试考查重点放在考生在课堂设计、突发事件处理、随机应变等方面的能力表现。这些考试形式都将更有利于考查考生的程序性知识，突出学生将理论运用于实践的能力。

第二，从考试对象上看，无论是谁都必须通过"国考"才能获取教师资格。教师资格证"国考"之前，获取幼儿园教师资格证主要有两种途径：一种是师范生经学业情况考查、普通话资格审查及健康体检后申请认定教师资格证；另一种是非师范生和社会人士通过各省份的笔试和面试获得资格证书。"国考"政策出台后，不论是师范生还是非师范生，均需经过国家统一考试获取教师资格证，这一变化体现了教师准入门槛的提高及各省统一的全局性，也意味着学前教育人才培养的要求进一步提高了。

二、智慧教育对学前教育专业人才培养的挑战

近年来，智慧教育逐渐被大家接受，我国智慧教育发展迅速，国家、各地区教育部门着眼于教育信息化发展趋势。2016年以来，我国陆续出台了一系列智慧教育政策文件，为智慧教育在国内的发展创造了有利条件。同时，智慧教育这一概念也在全球范围内受到越来越多的关注。在快速发展的新科技如大数据、云计算、深度学习、物联网的驱动下，世界各国已经把智慧教育作为其未来发展的必然趋势。智慧教育能够为教学注入新鲜活力，它打破了传统的填鸭式教育模式，可以实现真正的以学生为主体的教育，因此成为未来教学方式转变的必然趋势。

在此背景下，智慧教育也对学前教育专业人才培养提出了一定的挑战。

第一，要求学前教育专业所培养的人才符合幼儿发展需求。编程、创客、乐高机器人……当下幼儿接触的生活娱乐以及学习的方式全然不同于过去，未来或许他们将会面对一个彻底有别于现在的世界，人工智能可能会像网络一样普遍，渗透至生活的各个方面。学前教育本身就是面向未来的事业，幼儿不能自己选择教育内容，而幼儿教育者的眼界、知识类型和结构直接影响幼儿所接受的教育，影响着幼儿未来的发展情况。

儿童早期的体验和经历十分关键，是其今后发展的根基。未来人类需要的关键素质和能力可能包括解决复杂问题的能力、批判性思维、创造性、认知灵活性等，过去单一的教学环境下仅教授幼儿歌曲、舞蹈、识字、绘画等方面的知识和技能，这已经不能达到培养幼儿关键能力的目的，更无法满足其未来发展需要。同时，许多知识幼儿早已通过丰富的网络、便捷的移动智能终端设备等接触过，单一结构的知识已然对幼儿不具有吸引力，需要为其呈现符合未来发展需要的知识。学前教育专业作为为幼教输送师资的主渠道，需变革传统的单纯掌握幼教知识、艺术技能的幼师标准，培养更具创新思维和跨学科整合能力的幼教从业人员。

第二，要求学前教育专业学习内容融入科技运用。当下人工智能风头正盛，学前教育领域也加入了智能化、网络化等科技元素，许多主导智能、互动的产品层出不穷。人工智能的出现取代了部分单一、机械、重复性的工作岗位，甚至有人恐慌人类是否会被淘汰，毕竟机器的计算能力、记忆能力比人强。但人类拥有的智慧是机器无法比拟的，未来不是知识掌握量的竞争，而是创造力和想象力的竞争。许多具有复杂性、机械性、规则性的工作都交由智能机器人，而剩下的时间人类就可以进行跨学科学习和创新创造，根据自身个性和兴趣进行自我学习和终身学习，这也是对目前学前教育专业人才培养提出的最大挑战。

智慧教育背景下，技术的发展能够做到以智能辅助教学，如很多教辅机器人内附大量的优秀课件，涵盖幼儿园五大领域课程。许多较为先进的幼教机构需要掌握机器人教育、幼儿编程等前沿教学内容的人才，这就需要学前教育专业学生具备多元化的知识和能力结构，同时也具备探究精神、主动学习等思维品质。未来学校在进行学前教育专业人才培养时，要更加注重培养学生的批判性思考能力、创新思维能力以及融入科技应用方面的方法和能力，这也是学校办学紧跟市场发展的体现。教育的新思维是"不要让人去做机器的工作"，而应该让人运用批判性思维、创新思维去做适合人做的工作，这也应在未来学前教育专业人才培养目标中有所体现。

第七章　学前教育专业人才培养的目标探讨

人才培养目标的构建直接影响着人才培养的质量。学前教育是国民教育体系的重要组成部分，因此，学前教育专业人才培养目标的构建尤为重要。笔者根据时代发展的要求，厘清学前教育专业的人才培养目标定位，从知识目标、能力目标、素质目标三个方面分析人才培养目标的具体内容，在此基础上，尝试构建了学前教育专业人才培养目标，以期通过合理的目标构建更好地促进学前教育专业人才的培养。本章分为学前教育专业人才培养的总体目标、学前教育专业人才培养的知识目标、学前教育专业人才培养的能力目标、学前教育专业人才培养的素质目标四部分。

第一节　学前教育专业人才培养的总体目标

培养目标是指教育目的或各级各类学校、各专业的具体培养要求，一般包括人才的根本特征、培养方向、培养规格、业务培养要求等内容。学前教育专业人才培养目标主要是培养具备高素质、专业能力和社会责任感的学前教育工作者，能够为幼儿的全面发展提供良好的教育环境和教育服务。学前教育专业旨在培养符合社会需求的创新型、复合型人才。

一、培养创新型人才

新课程改革日渐深入促使学前教育改革不断深化，国家也开始逐渐重视学前教育改革，学前教育专业人才培养呈现出发展新形势。在此背景下，学前教育专业学生需要重视幼儿教育知识积累工作，从幼儿的角度出发，不断探索及学习，探究幼儿发展本质，为幼儿发展创设更多的机会，促进幼儿更好地发展。在学前教育专业人才培养工作中，需要为学生构建更加全面、更加科学的课程体系，转变传统单一的教学模式。教师应认真审视传统应试教育理念对学生的影响，注重培养学生的创新能力，提升学生的主观能动性，重视学前教育专业创新型人才的培养和发展。

二、培养复合型人才

新的时代背景下，根据学前教育专业应用型人才培养的建设目标，确立培养学前教育专业"复合型"（应用型＋双语型＋艺术型＋"双师型"＋现代型）人才的培养目标。

①"应用型"是指学前教育专业学生必须做到教育理论知识与幼儿教育教学实践相互渗透、相互促进，不能只注重理论而忽视实践，也不能只钻研技能而不积累理论。

②"双语型"是指该专业的毕业生既能说标准的普通话，又拥有较强的英语听说能力，可以用汉英两种语言对幼儿实施语言教育，以提升幼儿的英语口语水平和交流水平。

③"艺术型"是指毕业生具备唱、跳、弹、画以及幼儿园环境创设等多种教学技能，能够将这些技能灵活应用于幼儿教育教学实践中，并能够精通某一方面的技能。

④"双师型"是指该专业学生除了学习3—6岁儿童的教育教学专业知识技能，还要学习0—3岁婴幼儿保健保育技能，同时能够与家长进行良好的沟通，为家庭教育提供咨询与技术指导，与家长统一教育理念，为幼儿提供更高质量的教育。为此，鼓励学生考取"育婴师""心理咨询师""保育员""营养保健师"等职业资格证书。

⑤"现代型"是指对学前教育专业学生教育技术的要求，学生须掌握现代教育技术和电化教学手段，会制作多媒体课件，会利用多媒体进行教学，能利用现代化手段进行幼儿园教学和管理。

第二节　学前教育专业人才培养的知识目标

学前教育专业人才应具备的专业知识主要包括现代的学前教育理论性知识、合理的相关学科知识、初步的学前教育实践性知识、足够的专业性知识等，具体分析阐述如下。

一、具备现代的学前教育理论性知识

理论是实践的指南。理论性知识是指概括性强、抽象度高、具有普遍意义的知识。学前教育理论性知识是指学前教育领域中概括性强、抽象度高、具有普遍意义的知识。对未来从事学前教育工作的专业人才来说，理应具备学前教育的理论性知识。

学前教育理论性知识主要包括学前教育学、幼儿心理学、学前教育心理学、学前教育研究方法、中国教育史、外国教育史、学前卫生学、学前游戏论、学前儿童健康教育、学前儿童语言教育、学前儿童科学教育、学前儿童社会教育、学前儿童艺术教育等知识。

二、具备合理的相关学科知识

学前教育课程目标旨在促进幼儿身心全面、和谐地发展，包括幼儿身体、认知、语言、情感以及社会性等方面的发展。其相应的课程内容涉及日常生活、体能锻炼、语言、数学、科学、社会、音乐、美术等学习范围，以及健康、认知、艺术等学习领域。

对学前教育专业人才来说，要想胜任幼儿园的保教活动，仅仅掌握学前教育专业人才培养方案中开设的一些必修课是不行的，必须通过选修的方式，学习一些相关学科的课程，如家政学、生理学、营养与保健、幼儿艺术作品欣赏、幼儿戏剧应用与开发、幼儿教学玩具设计与制作等。

三、具备初步的学前教育实践性知识

教育实践性知识是一种缄默知识，是教师在教育实践过程中不断反思与总结个人或他人的成功经验和失败经验后体悟出来的经验性知识。

教师的教育实践性知识诞生于实际教育情境中，彰显着教师的教育实践智慧与独特的教育风格。教育实践性知识是教师专业发展的知识基础，教师拥有的教育实践性知识越丰富，标志着教师的专业发展水平越成熟。研究表明，在实际的教育教学中，教师的实践性知识对于教师从新手转变成为一名成熟的专业人员以及教育教学质量的提高起着决定性作用。

一名教师要想最大限度地提高自己的教育教学成效，必须尽可能地不断积累自己的教育实践性知识。教师积累教育实践性知识的过程就是向专家型教师发展的过程，一旦某位教师的教育实践性知识累积到一定程度，他就具备了成为一位专家型教师应该具备的重要知识基础。

对学前教育专业毕业生而言，若是缺乏实践经验，其教育实践性知识必然明显缺乏，但如果想成为一名合格的学前教育专业毕业生，学生完全可以利用教育见习与教育实习的时机，直接或间接地获取诸多教育实践性知识。

四、具备足够的专业性知识

幼儿园的教学活动有一个明显不同于中小学的地方是，其教学主要是通过游戏的方式展开的。为了胜任幼儿园的游戏教学工作，教师至少应该具备体育、琴法、美术、音乐、舞蹈五类专业中的某一类专业知识。

显然，合格的学前教育专业人才理应具备足够的专业性知识，否则根本无法胜任幼儿园的教学工作。

第三节　学前教育专业人才培养的能力目标

幼儿园教师职业能力主要是指组织、管理幼儿生活，对幼儿进行教育和保育的多种能力的综合，既包括了教学能力、组织管理能力、专业知识的掌握能力，还包括多方沟通能力、自我反思能力等。

为规范幼儿园师资队伍建设，2012 年教育部发布《幼儿园教师专业标准》，对幼儿园教师的能力素质及其结构提出了基本要求。2021 年，教育部发布的《学前教育专业师范生教师职业能力标准（试行）》进一步对还未进入幼教行业工作的准师范生提出了相应的能力目标和要求。

一、具备师德践行能力

（一）遵守师德规范

高质量师资是建设高质量教育和保障幼儿健康发展的核心，教师首先要具备坚定的理想信念，立志成为有扎实学识、有仁爱之心的好教师，以立德树人为宗旨，培养德智体美劳全面发展的社会主义建设者和接班人。同时教师还要坚守职业道德规范，理解职业道德规范的内涵与要求，在教育实践中遵守《新时代幼儿园教师职业行为十项准则》。良好师德不仅是教师健康发展的基础，也是学生茁壮成长的保障。

（二）涵养教育情怀

教育情怀是教师对教育这一行业所怀有的一种真诚、敬畏的独特情感体验，它包含职业认同、关爱幼儿、用心从教、自我修养这四个方面。

第一，坚定的职业认同感是教师投身教育行业、刻苦钻研、自我提升的基础。教师在专业化发展的道路上除了考虑专业知识、技术技巧的发展，还应重视情感、道德发挥的重要作用，职业认同是专业发展的前提条件。

第二，幼儿园教师要以幼儿为中心，关心关爱幼儿，了解幼儿的发展规律及特点，做到因材施教、尊重幼儿的差异性和促进幼儿个性化发展，立志成为幼儿健康成长的启蒙者和引路人。

第三，用心从教要求幼儿园教师具备爱岗敬业的精神，对幼儿教育事业倾注耐心与爱心。在教师专业评价标准当中，教师对学生的热情、责任感等因素是教师专业化必不可少的条件。

第四，教师是学生成长的示范者和引领者，其自身修养会对学生产生潜移默化的影响。因此，教师除了要具备本体性知识、条件性知识、实践性知识、操作性知识等教师教学相关的专业知识，还应掌握一定的自然和人文社会科学知识，培养人文底蕴、科学精神和审美能力。

二、具备保育和教育实践能力

（一）掌握专业知识与技能

幼儿园是幼儿进行集体性学习的主要场所。幼儿知识的构建主要源于自身与外部环境的积极互动，同时幼儿的发展具备潜在性、发展性、可塑性、生理和心理发育不成熟性等特征。这就需要教师采用保教并举的方式，为幼儿提供安全、健康、有序的学习生活环境。

首先，幼儿园教师要了解幼儿日常卫生保健、传染病预防和意外伤害事故处理的相关知识，掌握教育理论的基本知识和3—6岁幼儿的身心发展特点，熟悉幼儿园教育的目标、任务、内容、要求和基本原则，以及能够观察、分析与评价幼儿行为。

其次，幼儿园教师要掌握幼儿健康、语言、社会、科学、艺术等领域的基本知识和教学方法，深刻理解五大领域关系的互相渗透。在设计五大领域活动时要注意理论知识的引导、幼儿能力水平的把握以及教学目标的科学制定，从而促进幼儿的全方位发展。

最后，幼儿园教师要了解信息时代对人才培养的新要求，掌握一定的现代信息技术知识，具有安全、合法与负责任地使用信息与技术的意识。

（二）掌握初步的幼儿班级管理技能

班级管理技能即管理班级的技能。幼儿园教师是幼儿园保教活动的主导者，为了使保教活动得以顺利进行，幼儿园教师必须能够有效地组织保教活动，且能够合理地调控课堂，并灵活多样、合情合理地处理课堂教学中的多种"突发事件"，而这些都有赖于幼儿园教师的班级管理技能。

作为学前教育专业学生，至少应该通过教育见习与教育实习等环节习得初步的班级管理技能。

（三）掌握初步的游戏设计技能

游戏教学是幼儿教学的主要形式。设计游戏是开展游戏教学的前提，因而对一名幼儿园教师来说，理应具备游戏设计技能。一些学前教育专业毕业生尽管因缺乏实践经验而相应地在游戏设计技能方面有所欠缺，但至少应该利用相关理论课程的学习及教育见习与教育实习的机会，掌握初步的游戏设计技能，否则就算不上合格的毕业生。

（四）进行环境创设

根据教育生态学的观点，幼儿园环境是指除去学前儿童本身以外的、影响学前儿童发展或者受学前儿童发展所影响的幼儿园中的一切外部条件和事件。幼儿园环境创设对幼儿发展的作用主要体现在环境对幼儿身体、认知、情感、社会性等方面。环境包括物质环境和心理环境，幼儿园十分重视对环境的塑造，包括幼儿园教师为幼儿创造适合的学习材料以及创设有益于幼儿成长、学习、游戏的教育环境，也包括教师充满耐心、爱心的态度所营造的师幼关系。这种良好的班级氛围会使幼儿产生温暖、安心的心理安全感。

在进行环境创设时，要注意以幼儿为中心、促进环境与活动相互支持、坚持参与性原则、重视相互尊重。

（五）组织一日生活

保教结合是幼儿园教育的主要特征，由于幼儿身心发展的不成熟性，幼儿园既是幼儿学习的场所又是幼儿生活的"家园"，不能将学习和生活割裂开来。同时，幼儿发展具有完整性，因此幼儿一日生活的组织也应当是完整的。

一日生活包含了多个环节，如入园、如厕、游戏、集体喝水、午睡、离园等，琐碎复杂，但在活动过程中却充满教育契机。幼儿园教师应当合理安排一日生活，不能简单地将环节模式化、零散化。首先，需要在有序组织一日生活的过程中渗透教育理念，融教育于生活，建立整体、和谐的组织观念。其次，幼儿园教师还应具备及时处理幼儿紧急事件的能力，协助保育员做好常规管理及幼儿保育工作。在一日生活中要关注幼儿自我服务能力的提升，帮助幼儿养成自主穿衣、自主吃饭、自主如厕等良好生活习惯。

与美国幼儿一日生活相比，我国的幼儿一日生活组织受传统教育观念的影响更偏向于制度化。不同教育理念下所采用的活动组织方式也不尽相同，但都应重视寓教于乐，以幼儿发展为中心，合理安排幼儿一日生活。

此外，应当重视游戏活动的开展。游戏是幼儿最喜欢的活动，他们在游戏中学习，在游戏中成长。在幼儿一日活动中游戏活动所占比例最多，可见游戏对幼儿发展具有极其重要的价值，主要体现在身体、认知、创造力、语言、情感、社会性的发展上。

作为幼儿园教师，应掌握以下三种能力。

第一，满足幼儿游戏需求。不同年龄阶段幼儿游戏特点不同，幼儿需求也表现出不同特征，如小班幼儿注意力和稳定性较差，处于独立游戏和平行游戏的阶段，喜欢玩与同伴相同或相似的游戏，教师则需提供足够数量的同类玩具或游戏材料。中班幼儿处于联合游戏阶段，合作意识开始萌芽，具备一定的游戏经验，但缺乏交往技巧，教师在指导过程中要注意同伴交往技巧的传授。大班幼儿处于合作游戏的阶段，能有规则、有组织地进行自主游戏，教师需要满足幼儿自主选择的需求。

第二，创设游戏环境。游戏环境的创设要以幼儿发展的需求、特点以及游戏的类型为前提，幼儿园教师要为幼儿创设合理的游戏空间、提供合适的游戏材料及指导。

第三，支持幼儿游戏。幼儿园教师并不是幼儿游戏的分配者，而是其组织者、引导者、鼓励者，必要时可直接参与到幼儿游戏当中。教师应鼓励幼儿自主创造游戏，让幼儿充分感受游戏的快乐，同时也要掌握观察幼儿游戏行为和评价游戏的能力，促进幼儿社会性、创造力等多方面的发展。

（六）实施教育活动

教学能力是教师专业能力的重要部分，教师组织教学的能力决定教育活动开展的质量以及幼儿发展的成效。

第一，作为一名幼儿园教师，首先要具备设计教育活动方案的能力，能够按照《幼儿园教育指导纲要（试行）》《3—6岁儿童学习与发展指南》的要求，根据幼儿发展水平、特点、规律，明确教学目标，选择教学内容，灵活安排教育活动，设计教育活动方案。

第二，可以根据活动方案组织教学活动，根据活动主题的不同，选择最优教学方式。在活动过程中注重激发幼儿的主观能动性，培养幼儿的动手能力、协作能力以及积极探索的意愿，并且为幼儿提供适时的指导。

第三，要具备实施教育评价的能力。教师的教育评价不仅对自身专业发展具有激励、反思作用，而且能使自身对幼儿身心发展程度的了解进一步加深。幼儿园教师可运用观察、谈话、家园联系、作品分析等多种方法了解和评价幼儿。幼儿园教师要利用技术工具分析幼儿学习过程、收集幼儿学习反馈，然后进行评价结果分析、改进教育活动，促进幼儿成长和发展。

三、具备心理承受能力

心理承受能力是指拥有自信心与良好的心理素质，并能适应环境、承受挫折的能力。幼儿园教师是一种特殊的职业，教学的对象是幼儿，因此在工作上必须最大程度保持耐心与细心，同时也要面对来自外界的监督。在这样高强度的工作压力下，幼儿园教师必须拥有健康的心理素质，具有乐观开朗的性格、积极进取的精神、饱满的工作热情、坦荡宽广的胸怀、融洽的人际关系以及正确的角色认知，在工作上要有敢于创新的精神、善于接受新知识与新事物的能力、自我调控情绪的能力以及敢于面对挫折的勇气。

随着幼儿园教师工作强度的提高、分工的细化、压力的增大，教师的心理健康也越来越受到人们的重视。无论是传统社会还是现代社会，人们对教师的知识水平与道德素质都有着相当高的要求，这也在教师的职业心理上增加了一定的外在压力。因此，幼儿园教师必须有健康的心理素质以及良好的心理承受能力。

四、具备综合育人能力

（一）注重德育意识

幼儿园教师要树立幼儿为本、德育为先的理念，了解幼儿社会性情感发展的规律和个性特征，有针对性地开展育人工作。此外，幼儿园教师要具有教书育人的责任及使命感，能够在保教活动中有机融入社会主义核心价值观、中华优秀传统文化、革命文化和社会主义先进文化教育，为培养幼儿适应终身发展和社会发展所需的正确价值观、必备品格和关键能力奠定基础。

（二）注重育人实践

幼儿园教师要重视实践能力的提高，在学习过程中掌握育人的方法和策略；深入研究五大领域的内容、目标，整合活动内容，灵活设计活动方案；在一日生活当中抓住教育契机对幼儿进行随机教育；对幼儿的行为及心理变化能做到细心观察、及时纠正，培养幼儿良好的性格品质、生活习惯等。

（三）注重班级管理

幼儿园班级管理主要分为教育管理、生活管理、家园交流管理、班级交流管理、幼儿社区活动管理。幼儿园教师要熟悉校园安全、应急管理的相关规定，基本掌握班级空间规划、班级常规管理等方面的工作要点；熟悉幼儿教育及幼儿成长生活等方面的相关法律制度规定；能够合理分析解决幼儿教育与管理实践的相关问题；积极推进家校联合制度，对幼儿的生活、学习进行精确化管理。

（四）注重幼儿心理健康

幼儿心理健康主要是指幼儿在各种环境下都能保持稳定、积极、健康的心理状态。目前我国幼儿心理健康研究还处于起步状态，很多幼儿园存在将心理健康活动简单归为思想政治教育或者心理治疗，这就显得过于片面了。

作为幼儿园教师，首先要了解幼儿心理发展的普遍性、个别差异性、阶段性、独特性，掌握幼儿心理健康方面的知识，关注幼儿的心理变化，能够及时调整教育方法和沟通策略；其次要真正做到因材施教，关注幼儿个体的点滴进步，及时给予鼓励与肯定，为幼儿心理发展营造良好氛围。

幼儿的心理健康问题关系着幼儿一生的发展，零散、片面、未成体系的幼儿心理健康内容无法满足教育需求，我国的幼儿心理健康研究还需进一步加强。

（五）注重家园协同

幼儿在早期教育过程中受家庭、幼儿园两大因素的影响较多，家园协作、共同育幼模式是增强家长科学教育观念，帮助幼儿园教师深入了解幼儿发展现状和水平的有效方式。良好的家园合作可以形成教育合力，减少幼儿问题行为发生的概率，增强幼儿的学习动力。

为了做好家园共育，幼儿园教师首先要掌握良好的沟通技巧，能够运用信息技术拓宽家园沟通交流的渠道和途径，积极主动与家长进行有效交流；此外，还要掌握有效开展幼儿园、家庭和社区各种协同活动的方式方法，能够有效开展幼儿园与小学教育的衔接工作。

五、具备自主发展能力

（一）注重专业成长

教师的专业成长要求教师不断更新知识结构、精进教育内容、总结教学经验与教学方法。

1. 要有明确的发展规划

了解幼儿园教师专业发展的要求，具有终身学习与自主发展的意识。根据学前教育课程改革的动态和发展情况，制定教师职业生涯发展规划。

2. 学会反思改进

美国心理学家迈克尔·波斯纳（Michael Posner）提出了一个教师成长的公式：成长＝经验＋反思。反思意识和批判性思维是教师专业发展的基本素养。教师要初步掌握教育教学反思的基本方法和策略，能够对教育教学实践活动进行有效的自我诊断，提出改进思路。

3. 学会研究

幼儿园教师应该成为课程开发的参与者和研究者。幼儿教育研究问题就存在于幼儿生活当中，幼儿园教师要具备问题研究意识，掌握基本的教育研究方法，将教学过程作为研究过程，提出方案，解决实际问题。

（二）主动交流合作

教学是群体性行为，学生的成长离不开教师团队的合作。幼儿园教师首先要具有阅读理解能力、语言与文字表达能力、交流沟通能力、信息获取和处理能力，掌握基本沟通合作的技能与方法，能够在教育实践、社会实践中与同事、同行、专家等进行有效的沟通交流；除此之外，还需要树立共同学习的理念，了解学前教育的团队协作类型和方法，具有小组互助、合作学习的能力，促进团队成员的共同成长。

第四节　学前教育专业人才培养的素质目标

学前教育专业的学生毕业后主要从事的是幼儿教育工作。3—6岁是儿童性格形成的关键期，研究表明，人一生中80%—90%的性格特征、志向理想、生活方式都是在这个阶段成形的。所以，幼儿教育是一项意义重大、责任重大的工作，这就对幼儿教育工作者提出了极高的要求，学校培养的学前教育专业人才需要有着极高的素质，才能满足新时代幼儿教育发展的需要。学前教育专业人才除了要达到国家规定的幼儿园教师专业素质的基本要求，还要满足新时代发展对学前教育专业人才的新需要。

笔者结合学前教育专业学生的身心特点，将对学前教育专业学生的素质要求框架建构成文化基础、自主发展、社会参与三个维度，包括人文底蕴、科学精神、学会学习、健康生活、责任担当、实践创新六项要求，如表7-1所示。

表7-1　学前教育专业学生素质要求的维度与主要表现

维度	素质要求	基本要点	主要表现
文化基础	人文底蕴	人文积淀	具有古今中外人文领域基本知识和成果的积累；能理解和掌握人文思想中所蕴含的认识方法和实践方法；能掌握学前教育专业学生需要具备的专业知识等
		人文情怀	具有以人为本的意识，关心爱护幼儿，尊重幼儿人格，信任幼儿等
		审美情趣	具有健康的艺术修养和审美情趣，达到本专业要求的音乐、舞蹈、绘画、语言等艺术知识、技能与方法；能理解和尊重文化艺术的多样性，具有艺术表达和创意表现的兴趣和意识，具有发现、感知、欣赏、评价美的意识和基本能力；能在教育教学实践中向幼儿传递、拓展和升华美
	科学精神	理性思维	崇尚真知，能理解和掌握本专业的基本原理和方法，如幼儿心理学、教育学、卫生学的相关原理和方法；尊重事实和证据，有实证意识和严谨的求知态度；逻辑清晰，能运用科学的思维方式设计幼儿教育保育活动、认识事物、解决问题、指导行为等
		批判质疑	具有问题意识；能独立思考、独立判断；思维缜密，能多角度、辩证地分析问题，做出选择和决定等
		勇于探究	具有好奇心和想象力；能运用科学的方法观察、评价幼儿；不畏困难，有坚持不懈的探索精神；能大胆尝试，针对教育教学过程中或幼儿发展过程中存在的问题积极寻求有效的解决方法等

续表

维度	素质要求	基本要点	主要表现
自主发展	学会学习	乐学善学	能正确认识和理解学习的价值，对学前教育专业的学习具有积极的态度和浓厚的兴趣；养成良好的学习习惯，掌握适合自身的学习方法；能自主学习，具有终身学习的意识和能力等
		勤于反思	具有对自己的学习状态进行审视的意识和习惯，善于总结经验；能够进行学前教育专业理论和实践反思，并调整改进等
		信息意识	能自觉、有效地获取、评估、鉴别、使用信息；具有数字化生存能力，主动适应"互联网+"等社会信息化发展趋势；具有网络伦理道德与信息安全意识等
	健康生活	珍爱生命	理解生命意义和人生价值；具有良好的身体素质，具有安全意识与自我保护能力；掌握适合自身的运动方法和技能，养成健康文明的行为习惯和生活方式等
		健全人格	具有良好的心理素质，大方开朗，自信自爱，坚韧乐观；有自制力，能调节和管理自己的情绪，具有抗挫折能力等
		自我管理	能正确认识与评估自我；依据自身个性和潜质选择适合的发展方向，进行职业生涯规划；合理分配和使用时间与精力；具有达成目标的持续行动力等
社会参与	责任担当	社会责任	能明辨是非，具有规则与法治意识，具有良好的职业道德，自觉遵守行业法规、规范和学前教育机构规章制度；有责任心，自尊自律，文明礼貌，诚信友善，宽和待人；孝亲敬长，有感恩之心；热心公益和志愿服务，敬业奉献，具有团队意识和互助精神；能主动作为，履职尽责，对自我和他人负责；崇尚自由平等，能维护社会公平正义；尊重并热爱自然，践行绿色生活方式和可持续发展理念等
		国家认同	具有国家意识，了解国情历史，认同国民身份，能自觉捍卫国家主权、尊严和利益；具有文化自信，尊重中华民族的优秀文明成果，能传播和弘扬中华优秀传统文化和社会主义先进文化；了解中国共产党的历史和光荣传统，具有热爱党、拥护党的意识和行动；理解、接受并自觉践行社会主义核心价值观，具有中国特色社会主义共同理想，有为实现中华民族伟大复兴中国梦而不懈奋斗的信念和行动等

续表

维度	素质要求	基本要点	主要表现
社会参与	责任担当	国际理解	具有全球意识和开放的心态，了解人类文明进程和学前教育专业领域发展动态；能尊重世界多元文化的多样性和差异性，积极参与跨文化交流；关注人类面临的全球性挑战，理解人类命运共同体的内涵与价值等
	实践创新	劳动意识	尊重劳动，具有积极的劳动态度和良好的劳动习惯；具有动手操作能力，掌握一定的劳动技能；在主动参加的家务劳动、生产劳动、公益活动和社会实践中，具有改进和创新劳动方式、提高劳动效率的意识；具有通过诚实合法劳动创造美好生活、成就人生的意识和行动等
		问题解决	善于发现和提出问题，有解决问题的兴趣和热情；具备环境创设能力、师幼互动能力和教学设计能力；能依据特定情境和具体条件制定合理的解决方案，运用各种技能解决问题等
		技术应用	具有学习掌握技术的兴趣和意愿，有创新意识，在本专业学习和幼儿保教实践中能将创意和方案转化为有形物品或对已有物品进行改进与优化等

参 考 文 献

［1］杜继纲.学前教育的活动取向研究 [M].北京：教育科学出版社，2013.

［2］沙莉.世界主要国家和地区学前教育法律研究及启示 [M].北京：光明日报出版社，2013.

［3］钱雨.公平·质量·反思：全球化视野下的学前教育政策研究 [M].南京：南京师范大学出版社，2015.

［4］徐红.学前教育本科专业人才培养模式研究 [M].武汉：华中科技大学出版社，2016.

［5］苏卫涛.高职学前教育专业学生职业核心能力培养研究 [M].长春：东北师范大学出版社，2017.

［6］刘天娥.学前教师教育课程设置研究 [M].武汉：武汉大学出版社，2017.

［7］龚冬梅.学前教育科学研究方法 [M].南京：东南大学出版社，2017.

［8］常宏.学前教育理论分析与课程开发研究 [M].青岛：中国海洋大学出版社，2020.

［9］李晓艳.学前教育专业人才培养的理论与实践 [M].北京：中国书籍出版社，2020.

［10］娄小韵.产教融合背景下学前教育专业人才培养模式研究 [M].长春：吉林人民出版社，2020.

［11］王喜海.学前教育研究方法：理论与实务 [M].杭州：浙江大学出版社，2021.

［12］彭莉洁.学前教育改革与发展研究 [M].北京：中国华侨出版社，2021.

［13］肖加平.学前教育专业人才培养共同体建设的研究与实践 [M].苏州：苏州大学出版社，2022.

［14］李会转.学前教育专业人才培养定位与多维实践教学体系构建 [J].黑龙江高教研究，2019（6）：152–156.

［15］李玲玲．新时代高职院校学前教育专业人才培养对接社会需求研究 [J]. 就业与保障，2020（2）：110–113.

［16］牟映雪，丁梦丽．学前教育专业人才培养质量监测及提升的体系建构 [J]. 天津师范大学学报（基础教育版），2020，21（2）：92–96.

［17］田凤娟．高职学前教育专业人才培养路径创新研究 [J].陕西教育（高教），2020（10）：58–59.

［18］殷文靖．高等职业院校学前教育专业人才培养的反思与探索 [J]. 开封文化艺术职业学院学报，2021，41（2）：134–135.

［19］王洪．学前教育专业人才培养模式创新探究 [J].职业，2021（18）：65–66.

［20］周艳芳，尤敏．基于普惠性发展的高校学前教育专业人才培养新思路 [J]. 宁波教育学院学报，2021，23（5）：1–6.

［21］马琳．学前教育专业人才培养质量监测及提升的体系建构 [J].江西电力职业技术学院学报，2021，34（9）：100–102.

［22］李银婷．高职院校学前教育专业人才培养的困境与思考 [J].科技视界，2021（18）：169–170.